奋进中的
海归女性

欧美同学会的巾帼华章

欧美同学会妇女委员会　主编

中国妇女出版社

图书在版编目（CIP）数据

奋进中的海归女性 ：欧美同学会的巾帼华章 / 欧美同学会妇女委员会主编. -- 北京 ：中国妇女出版社，2023.6

ISBN 978-7-5127-2266-8

Ⅰ.①奋… Ⅱ.①欧… Ⅲ.①女性－人物－事迹－中国 Ⅳ.①K828.5

中国国家版本馆CIP数据核字(2023)第053315号

责任编辑：陈　元
封面设计：李　甦
责任印制：李志国

出版发行：中国妇女出版社
地　　址：北京市东城区史家胡同甲24号　　邮政编码：100010
电　　话：（010）65133160（发行部）　　65133161（邮购）
网　　址：www.womenbooks.cn
邮　　箱：zgfncbs@womenbooks.cn
法律顾问：北京市道可特律师事务所
经　　销：各地新华书店
印　　刷：三河市祥达印刷包装有限公司

开　　本：170mm×240mm　1/16
印　　张：16.5
彩　　插：8面
字　　数：218千字
版　　次：2023年6月第1版　　2023年6月第1次印刷
定　　价：58.00元

1

2

1.2021 年 7 月 4 日下午，庆祝中国共产党建党百年座谈会后在欧美同学会院内合影

2.2009 年 7 月 21 日，欧美同学会妇女委员会合影

1	2
3	4

1.2009 年新中国成立 60 周年参观《复兴之路》展览

2.2010 年 3 月 7 日，三八妇女节 100 周年妇委会成员合影

3.2010 年三八妇女节，妇委会成员应邀出席人民大会堂百年庆典，从左至右依次为依然、于德芬、端木美、姜庆明

4.2011 年 3 月 6 日，三八妇女节联欢会，前排三位女士从左至右依次为白淑湘、常沙娜、周广仁

1 | 2
3

1.2011 年 7 月 5 日，建党 90 周年座谈会后合影，前排部分老妇委会成员：秦大地（左二）、陈秀霞（左四）、常沙娜（左五）、胡立生（右二）、白淑湘（右四）

2.2013 年 10 月，留住青春记忆——纪念欧美同学会百年大庆暨常沙娜自传《黄沙与蓝天》等书首发式活动后合影

3.2015 年，纪念北京世妇会 20 周年座谈会及欧美同学会“妇女之家”挂牌仪式后合影

1.2017 年庆祝三八妇女节活动后合影
2.2017 年 8 月，"海归女性视野中的一带一路倡议"座谈会
3.2017 年 12 月 17 日，欧美同学会海归女性创业论坛

1
2

1.2018 年庆祝三八妇女节活动后合影

2.2018 年年底，举办欧美同学会青年会员冬季联谊活动

1 | 2
3

1.2019 年 7 月，妇委会委员们在“光辉的历程”——中华全国妇女联合会成立 70 周年纪念展中，于欧美同学会妇女委员会展板前合影

2.2019 年 8 月，在河北保定参观留法勤工俭学运动纪念馆

3.1989 年，妇委会部分委员合影

本书编委会

前言

欧美同学会于1913年成立。一百多年来，这里聚集了我国一代又一代优秀留学归国人员，留学报国的爱国主义精神成为欧美同学会的光荣传统。实际上，自19世纪中叶处在积贫积弱的中国开始睁眼看世界，这种爱国主义传统就扎根在留学生这个特殊群体中。他们以救国图强为己任，走出国门寻求真理，或努力学习并引进西方先进科学技术推动中国社会的现代化，或宣传资产阶级革命思想理论成为反封建的先锋，追随孙中山先生取得辛亥革命的胜利。

2013年10月21日，习近平总书记在欧美同学会成立百年纪念大会上的讲话中，对留学人员群体给予了很高的评价。习近平总书记指出："百余年的留学史是'索我理想之中华'的奋斗史，一批又一批仁人志士出国留学、回国服务，大批归国人员投身中国共产党领导的伟大事业，在中国革命、建设、改革的历史画卷中写下了极为动人和精彩的篇章。"2021年，正逢中国共产党建党百年，召开了具有历史性意义的十九届六中全会。全会指出，中国共产党自成立以来，"团结带领全国各族人民为争取民族独立、人民解放和实现国家富强、人民幸福而不懈奋斗，已经走过一百年光辉历程。党和人民百年奋斗，书写了中华民族几千年历史上最恢宏的史诗”。

百年留学报国的历史、欧美同学会的历史，正是中华民族奋斗史诗的一个重要组成部分。欧美同学会成立百年时写会史，涉及女性留学人员的材料尚有欠缺。为此，妇女委员会（简称妇委会）感到有必要对女性留学人员的历史性贡献做必要的补充，填补这个空白。特别是一些并未加入欧美同学会、对中国革命民族解放作出过重大贡献的留学人员，也是习近平总书记所说的“索我理想之中华”的先行者，也应列入，女留学生也如此。例如，早年留日的秋瑾、留法勤工俭学的向警予、蔡畅等，留美的杨崇瑞、林巧稚、雷洁琼等，都应该在留学历史上留下印记。

欧美同学会自 1982 年恢复活动以来，已经有八届理事会。妇女委员会于 1988 年成立，先后由张叔义、聂力、罗琬华、白淑湘、端木美任主任。多位留学不同国家的德高望重的总会女副会长都参与过妇委会的工作，如张素我、胡立生、李特特、周广仁、常沙娜等。她们都是留学归国后在各条战线作出卓越贡献的人物。她们在妇委会成立后身体力行与全国妇联密切联系、积极参与 1995 年世妇会的筹办工作，使得妇委会于同年被全国妇联接收为团体会员，开启了妇委会由欧美同学会及全国妇联双重领导的时代。

本届妇委会组建任职于 2009 年，2013 年开始第二任，由于各种原因，顾全大局坚守岗位至今。在欧美同学会和全国妇联领导下，妇委会全体成员秉承老一代妇委会的优良传统，以高度责任感紧密团结地努力服务于广大海归女性，为欧美同学会的历史添上半边天的辉煌一页。在 2023 年三八妇女节前夕获得全国妇联“全国巾帼文明岗”集体表彰的殊荣。

2022 年金秋十月中国共产党二十大的召开，无疑是全球瞩目的重要时刻。习近平总书记的几个重要报告，对全面建成社会主义现代化强国“两步走”战略安排进行宏伟展望，科学谋划未来 5 年乃至更长时期党和国家事业发展的目标任务和大政方针，提出一系列新思路、新战略、新举措，是新时代推进党和国家事业发展的纲领性文献。欧美同学会妇女委员会作为留学归国人员，特别是女性海归的团体，一直以来在全国妇联和欧美同学会的领导下，团结广大留学归国人员，不断积极开展各项活动。党的二十大之后，我们更加明确了前进方向。我们将深入学习、贯彻落实党的二十大精神，充分发挥留学人员的特长，积极开展民间外交，讲好中国故事，努力开创高质量发展的妇女工作新局面。在这个时刻，本届妇委会认为有必要把留学女性的光荣历史和妇委会的贡献记录下来，传承下去，继续奋进。这是撰写出版本书的主要目的。

本书编委会

2023 年 4 月

目录

序篇

留学报国
光荣传统

成立背景

据史料记载，1913 年 10 月，一批清末从欧美留学归国的留学生在北京租用西交民巷一个四合院作为会所，由当时的留美同学会、留英学人和“留法比德会”联合成立了“欧美同学会”。1915 年，同学会要求北洋政府内务部把位于南湾子胡同的石达子庙拨给欧美同学会。

几年间，欧美同学会向政府申请，并经过向驻寺喇嘛付钱另行购房置换等手续，终于买下普胜寺，有了自己的永久会址，也就是今天的南河沿大街 111 号欧美同学会会所。修缮过后，于 1917 年 2 月 17 日首次举行新春活动。这里西临天安门广场、故宫，东邻繁华的王府井大街，正是市中心黄金地段。

欧美同学会自始创期起就群星荟萃，由顾维钧、蔡元培、李石曾、詹天佑、胡适、颜惠庆、王景春等早年留学欧美的归国人员组成的特殊社团在国内发挥着重要作用。他们探寻改造中国的道路，推动社会改革实践，沟通中西文化交流互鉴，成为早期中外文化交流的直接实践者、民间外交的直接推动者。

回顾历史，19 世纪中叶以来，中国封建社会发生重大变化，第一次鸦片战争是中国沦为半殖民地半封建社会的转折点。但是这也促使清政府中的有识之士认识到“睁眼看世界”的重要性，开始了推动向西方学习的新思潮。第二次鸦片战争以后，清政府内部洋务派主张中体西用，开始了旨在自强求富的洋务运动，虽然以失败告终，依然起到引进西方先进科学技术，促进中国科技、新式教育发展的作用，成为中国资本主义产生的助推力，使得中国迈出了近代化的第一步。当时激进的革命者的主要政治主张有推翻清朝统治、建立共和体制等。这正好反映出洋务运动之后产生的新的民族觉醒，是一种中国式的启蒙运动。经过多年的思想准备、武装行动，终于在 20 世纪初的辛亥年实现了结束两千多年封建君主专制制度，开始共和体制的资产阶级革命目的。

在这场推动历史前进的革命中，一个连接中国与外部世界的群体参与并在广大人民中传播了民主共和思想，在中国结束封建体制走向共和的历程中起过不可或缺的作用，那就是早期的中国留学生群体。他们以救国图强为己任，走出国门寻求真理。他们或努力学习并引进西方先进科学技术推动中国社会的现代化，或以译书办报等手段宣传资产阶级革命思想理论成为反封建的先锋。他们在国家命运改变的关键时刻作出了重大贡献。

中国人民通过留学生从西方国家的历史文化中汲取了宝贵的营养和力量。自 1900 年起，最早由留日学生创办的两种杂志发挥了引领、传播新思想的先锋作用。第一种为《译书汇编》，专门刊载欧美资产阶级启蒙思想译著；第二种为《开智录》，专发自由平等之学说。1901 年，留学生又在东京出版《国民报》，宣传民族主义。这些西方启蒙思想著作提高了留日学生的革命觉悟意识，促使部分留学生投身孙中山先生领导的资产阶级民主革命中。转译的著作在中国的传播也大大有助于唤醒民众精神，号召推翻封建政体，为辛亥革命做了大量的舆论宣传准备工作。

除了留日学生，在辛亥革命的革命准备与实践中，欧美留学生也与孙中山先生有过密切联系，起到过支持、宣传革命的作用。清政府派往欧洲的早期中国学生，留学生活给他们提供接触、了解、接受西方社会和西方思想的机会，资产阶级民主思想、政治制度对于这些寻求救国之路而走出国门的优秀中国青年思想转变产生了不容忽视的影响。他们身居欧洲启蒙思想发源地各国，通过他们直接翻译过来的西方启蒙思想作品，更为直接地影响了中国资产阶级民主革命进程。重要的是，他们中的一些人在了解国外社会思想的同时，常为中国人在西方被误解深感痛心和遗憾，意识到有责任使对方了解中国。他们带着一种世界眼光看中西方，提倡大规模的翻译，不仅要多译西方的名作引进中国，也要把中国的重要作品翻译推介到世界。他们以中西双方文化交流传播为使命，运用娴熟的外文将中国文化、文学直接介绍给西方读者，开创早期推动中国文化走向世界、进行中西文化比较和互鉴的实践，对中国此后的社会经济革命起了重要的助力作用。

初创年华

据史料记载，1911 年辛亥革命后，《中华民国临时约法》有了结社自由，适逢清末派出的欧美留学生陆续归国，由于有共同的海外经历，他们常常找机会相聚，回忆在国外的留学岁月、探讨回国后关心的问题。虽然分布在不同行业，但他们热心交友联谊、互助学习，寻求共同的精神家园，由此产生结社的愿望。在 1913 年 10 月金秋时节，在西交民巷召开联谊盛会，京沪报刊登载消息，甚是轰动。至此，欧美同学会诞生，并确立了“修学、游艺、敦谊、励行”的宗旨。

自诞生之日起，欧美同学会就在波澜壮阔的中国历史进程中成长壮大。那个时代的归国留学生大多痛感清政府腐败无能、国家衰弱被欺，在负笈西行中，大多数人满怀爱国报国之情寻求救国救民之道。所以虽然欧美同学会声明“没有政治目的”，但是各行各业的会员们大多热心关注时政、心系国家命运，有如建会初时任北京大学校长的蔡元培先生所倡导的“交换所长，蔚为国用”。这位辛亥革命元老“蔚为国用”的初心百年间在同学会里传递，始终不变，成为流淌在同学会血脉中的爱国基因。

在中国历史的每个关键时刻，都有归国留学人员的身影和贡献。不仅在同学会成立之后，在早期发动推翻清朝统治的革命中，留学生不仅起到传播革命启蒙思想的作用，而且许多人身体力行投身革命以牺牲报国，其中也不乏革命的女留学生，如留日的秋瑾等先行者。那个时代从清王朝走出到西方国家学习而后归国的留学生，大多数能在斗争风浪中反对帝制复辟、坚持爱国救国的初衷，在欧美同学会树起捍卫民主共和、振兴中华的旗帜。在不同历史时期，无论在新文化运动中，反对袁世凯、张勋复辟中，或五四运动中拒绝在《巴黎和约》上签字维护国家尊严和权益，或在五卅反帝爱国运动中，欧美同学会大多会员都在推动历史前进潮流中选择了正确方向。

此外，作为会聚各个领域不同学科的专门人才的社团，欧美同学会成员在思想、教育、工业、经济等领域改变当时社会的封建体制，推动中国现代化进程中也发挥了重大作用。如以留德回国的第一任中华民国教育总长、北京大学校长蔡元培为首的教育界留学归国人士努力改革封建教育体制，留美归国、修筑京张铁路而闻名中外的詹天佑等人成为促进中国工业化的标杆。许多著名教授、学者、科学家、外交官都是欧美同学会成员，如胡适、丁文江、李石曾、周诒春、叶景莘、颜惠庆、王宠惠、顾维钧等。

如前所述，成立之初，欧美同学会在西交民巷临时会址活动，1915 年买下、1917 年装修好的南湾子胡同普胜寺（现南河沿大街 111 号）成为欧美同学会的永久家园。各类推动社会发展进步的活动在此举行，可以说成为当时独树一帜的爱国主义基地。值得一提的是，那个时代轰轰烈烈的留法勤工俭学运动就曾以这里为舞台。

1917年担任欧美同学会第三任主任干事的是蔡元培先生。他和留法前辈李石曾等号召“教育救国”“科学救国”“实业救国”，鼓励指导更多中国人以低廉的费用赴法国留学。1915年6月，李石曾、蔡元培、吴玉章等人在法国成立“留法勤工俭学会”；1916年6月，在巴黎又成立“华法教育会”，成为当时中法文化教育交往的核心机构。1917年，回国任北京大学校长的蔡元培与回国任教的李石曾在北京成立“华法教育会”和“留法勤工俭学会”，在国内各地开设留法勤工俭学会预备班，发动推广赴法勤工俭学运动。最初“留法俭学会”“华法教育会”和“留法勤工俭学会”都设在东城方巾巷，1917年，在蔡元培主任干事主持下，“三会”迁到普胜寺欧美同学会会所，租用东厢房三间办公，“三会”在此挂牌。虽然国内许多地方都成立了华法教育会，北京的华法教育会与各地分会没有从属关系，但是北京作为首都，所以名义上北京华法教育会成为全国的总会。

在李石曾、蔡元培等人推动下，留法勤工俭学运动很快传遍全国，受到热烈欢迎。各省来北京普胜寺联系赴法，要求入校预备的人络绎不绝。许多在京知名人士帮助地方联络赴法事宜，都来普胜寺。如杨开慧的父亲、北京大学杨昌济教授就曾为湖南学生前来接洽。当年在天津的周恩来和他的同学们都曾前往北京华法教育会开介绍信，再到上海华法教育会订购赴法船舱位。

1919—1920年年底，通过华法教育会组织赴法勤工俭学运动达到高潮，运动特点是出身不同、年龄不同、文化水平有差异者均可参加。这场留学潮在中国的政治、经济、科技、教育、文化、艺术等各个领域造就了一批栋梁之材，成为引领20世纪中国革命和现代化进程的重要力量。周恩来、邓小平、蔡和森、向警予、陈毅、赵世炎、陈延年、陈乔年、李富春、蔡畅、李维汉、何长工、王若飞等许多著名的革命家，以及徐悲鸿、林风眠、盛成、常玉等许多著名的文化人士就是从留法勤工俭学运动中走出来的。虽然他们从全国各地出发，但是都响应留法勤工俭学的号召，可以说华法教育会所在地欧美同学会会所正是这些革命先行者梦开始的地方。

根据《欧美同学会简史（1913—2013）》记载，在留法勤工俭学运动达到高潮的1919年10月12日，就在会所举行的欢送五四爱国运动的学生代表人物许德珩、陈宝锷赴法留学及学生救国会主办的国民杂志社成立一周年纪念会上，陈独秀和李大钊都出席会议并发表演说。早期欧美同学会作为一个高举爱国报国、振兴中华大旗的知识分子社团，已经与后来的中国共产党创始人在反帝爱国的共同目标下有过同路的交集。

艰难前行

1928年北伐成功，国民政府定都南京，北京更名北平，失去首都地位。但是北平拥有最负盛名的几所高校，如北京大学、北京师范大学、清华大学、燕京大学、辅仁大学、中法大学、北平协和医学院等，著名教授云集，还有各类研究院、图书馆、博物院等，北平依然是全国的文化中心。此时欧美同学会不断迎来民国后出国归来的知识分子，组织上有了新发展。

在20世纪30年代前后，民国初期的一批批留学生学成归国，加入欧美同学会，各类活动频繁，特别是学术活动。由各学科的欧美同学会成员发起创建的专业团体大多选择同学会为会址或诞生地，如中国科学会、中国地质学会、中国工程学会、中华医学会等，体现了欧美同学会在中国社会现代化进程中的先锋作用。

在中华民族最危急的20世纪30年代初，面对日本帝国主义的侵略行径，欧美同学会在外交界的会员，如顾维钧、颜惠庆、施肇基等不断在国际上为国家发声，强烈谴责日本帝国主义在华的侵略行径，尽可能为中国争取国际支持与援助。在国内更多的欧美同学会会员加入民众抗日救国的热潮中，为支持并参加学生爱国运动，会所也成为这些爱国知识分子集聚商议抗日活动的重要地点。

1937 年七七事变后，随着大批学校南迁，欧美同学会的许多会员也离开北平。他们到了临时迁移之处（如昆明)，便很快恢复欧美同学会的活动，设立会所。留在北平的会员受日伪政府严控，也转入地下活动，以聚餐会、茶话会形式掩护讨论时政宣传抗日。一些院校教职员工宁可挨饿也拒绝与日伪合作。所以会史里记载："抗日战争时期，众多会员都以各自的方式在自己的岗位上为抵抗日本的侵略作出了贡献。"

1941 年太平洋战争爆发后，欧美同学会会所被日本军队查封占用，随之而来的是原会所的旧卷宗残缺，战争期间的档案资料也不全，对这个时期欧美同学会的情况也就了解不多。第二次世界大战后，同学会会员首要工作就是收回会所，加以修缮并恢复活动。这是一个艰难的过程，直到 1947 年 2 月 9 日才在会所召开收复后第一次复兴会员大会，重建理事会，选出有名望、有号召力的新办事机构理事会并修改了会章。著名学者胡适、陈岱孙、梅贻琦、何思源、李书华等名列其中。但是，恢复活动后两年间，面对国内战争，欧美同学会也只能勉强维持一些日常工作，直至 1949 年北平和平解放。

北平和平解放前后，在历史的转折点，欧美同学会一些会员离开了，但是多数人留下了，有些人还参与了北平和平解放，如何思源等。参与保护北平文化古迹的会员有张奚若、梁思成、林徽因等。还有一些会员在这个时刻从国外或其他城市回到北平，如吴阶平、严济慈等。此时的欧美同学会起到吸引海外爱国留学生归国效力的作用。正如会史指出："他们以各种方式为新中国的诞生贡献了自己的一份力量。"

新中国成立之后，欧美同学会获得批准为新中国社会团体，经历过自身改选、新政府调查审核，最终得出的结论是“会员多为民主人士，今在人民政府任职者很多”，“经济方面无大问题”，“该会为俱乐部性质，以修学、游艺、敦谊、励行及团结留欧美之同学为宗旨，现尚未发现有政治活动”，“该会发起人及会员多为民主人士及大学教授，对于革命颇多赞助”。由此获得政府批准正式登记，成为新中国合法社团。至此欧美同学会翻开新篇章，留学报国的光荣传统得以传承并在新时代发扬光大。

历史见证

如前所述，欧美同学会经历了抗日战争、解放战争的艰难时期，新中国成立后获得新生，并得到党和国家领导人的关怀。欧美同学会在新中国成立初期发挥影响力，响应国家号召，召请回大批在海外的留学人员为新中国服务。“两弹一星”的大批功勋卓著的领军人物大多在这个时期归国，其中有些人加入欧美同学会。其他各行各业，特别是科技战线在新中国成立初期得益于广大归国留学人员的努力，为一穷二白的新中国走向伟大复兴作出贡献。

“文化大革命”期间，欧美同学会不得不停止了活动，直到 1982 年恢复活动才开始了欧美同学会崭新的发展新时代。在党和国家关怀下，一方面，重拾与散落在海内外的老学长们的联系；另一方面，重建同学会领导班子和发展会员。随着新中国成立后五六十年代国家着力派出留学苏联和东欧国家的大批新生代留学人员陆续回国，留学人员队伍的结构更加多元。20 世纪 80 年代，他们加入同学会，增加了留苏分会和东欧分会，改变了欧美同学会的结构，为欧美同学会增添了新鲜血液，也使欧美同学会更具有代表性。他们中间不仅涌现出科技、教育、艺术、工业等不同系统的优秀代表人物，以及党和国家领导人。

1978 年 6 月 23 日，邓小平同志在听取教育部关于清华大学工作汇报时，作出了扩大派遣留学生的重要指示。他指出：“我赞成留学生的数量增大，主要搞自然科学”，“要成千上万地派……”。这一指示开启了新时期我国大规模派遣留学人员的序幕，翻开了我国出国留学工作的新篇章。

40 多年间，数百万的留学人员走出国门到世界各地，其中大多学成归来为国效力。多数人加入欧美同学会，为欧美同学会增加新鲜血液，女性留学人员的数量也大增，而且在归国行列中巾帼不让须眉，在不同行业与男同胞一样作出自己的贡献，值得大书特书。

从领导班子看，欧美同学会自 20 世纪 80 年代恢复活动以来，已经有八届理事会（茅以升、卢嘉锡、吴阶平、丁石孙、韩启德、陈竺、丁仲礼分别为第一届至第八届会长）。从组织机构看，分会增加到 15 个，超出了成立之初的欧美范围，延伸至亚洲太平洋、拉美等地区，成为中国留学海外各地归国留学人员的共同家园。此外，同学会还成立不同的工作委员会，其中就有 1988 年成立的妇女委员会。2003 年 9 月，欧美同学会增冠“中国留学人员联谊会”会名，这将凝聚更广大的留学人员团结在高高飘扬的留学报国的爱国主义旗帜下，在祖国社会主义现代化建设中贡献自己的才智。此后，欧美同学会（中国留学人员联谊会）有了更新的发展，开创了工作的新局面，继续发挥团结凝聚海外留学人员的力量和推动开展民间外交，取得显著成绩。到 2013 年 10 月 21 日欧美同学会成立百年纪念大会上，习近平总书记高度评价了留学人员的作用，指出：“实践证明，广大留学人员不愧为党和人民的宝贵财富，不愧为实现中华民族伟大复兴的有生力量。党、国家、人民为拥有并将更多拥有这样一大批人才而感到骄傲和自豪。”

女性荣光

在近代中国留学生历史上，在欧美同学会留学报国的百年时空中，女性留学人员的形象与事迹也是历史和现实的华彩篇章中浓重的一笔。

回顾历史，最初近代的中国留学生出现在19世纪中叶，以容闳为代表的一批留学先驱均为男性。在封建社会，妇女被禁锢在家庭，勇敢地走出家门已属不易，再走向世界更是惊世骇俗。但是，在历史上这样冲破封建藩篱、和男子一样踏上负笈西行或东行的奇女子的确成为中国妇女的榜样。

第一次鸦片战争中，帝国主义的枪炮打开了中国大门，同时也使得中国有识之士痛感睁眼看世界的必要性。派遣留学生是其中的一个方向。近代女性留学人员的出现虽然比男性稍迟、人数稍少，但她们是半殖民地半封建社会妇女解放运动的先驱。

近代女性留学人员有目前公认的中国女子留学并荣获大学毕业证书第一人金雅妹（1864—1934），她是著名医生，既留学美国，也留学日本；有留日的革命女侠秋瑾、何香凝、唐群英等；也有留美的著名的宋氏三姐妹、我国近代第一位女教授陈衡哲、女作家冰心（谢婉莹）、女教育家吴贻芳、女社会学家雷洁琼、女建筑学家林徽因等。还有参加著名的留法勤工俭学运动的一批女子，如初期就赴法国的郑毓秀，她是在法国获得法学博士学位的第一位女生，而且是在第一次世界大战后凡尔赛会议期间反对中国代表团签字的重要女性。更有54岁才随子女一起赴法勤工俭学的蔡和森之母葛健豪，蔡和森之妻、为革命献身的向警予，以及同去的妹妹、后来中华人民共和国首任全国妇联主席蔡畅等。20世纪20年代起留苏的女性不乏佼佼者。她们中不仅有从法国转过去的蔡畅、郭隆真等，也有国内直接派送的。在那个年代赴苏联学习的许多女革命者，为民族解放、新中国成立和建设都作出过重大贡献，如赵一曼、帅孟奇、夏之栩、杨之华、蔡妮（蔡和森、向警予之女）、朱敏

（朱德之女）以及孙维世（孙炳文烈士之女）等。

应该说，许许多多的留学前辈与欧美同学会组织本身并无交集，但是他们同样是“索我理想之中华”的先行者，在留学史上的印记不可磨灭。我们在本书中记录的既有欧美同学会女会员，也有其他一些女留学人员的功绩。

今天欧美同学会拥有近 30 万人，女会员占三分之一强；理事会成员有 167 人，女理事占近 20%。但是在创会初期，女会员数目很少且不详，到 1925 年有入会申请书的就有留美的金雅妹及曾留法学法律的吴朱美琳等三人。会史记录 1919 年五四运动时有过几位女士和一些女学生参加同学会会议，但不清楚是否是会员。直到 1929 年董事会里有了女教授陈衡哲为代理董事和第一位女干事朱胡彬夏。此后参加欧美同学会的女会员渐多，在 20 世纪 50 年代比较活跃的有留法归国的女医生罗琬华学长，回国不久她就是同学会常务委员，并且在八九十年代多次任妇委会主任。1986 年全面恢复同学会工作后，雷洁琼学长当选为第一、二、四届理事会名誉会长，冰心为第一、二届理事会名誉副会长。理事和副会长中女性的比例也逐届增长。妇委会成立后，往往由一位女副会长兼任妇委会主任，这样不仅加强了总会与妇委会的联系，也显示出欧美同学会对女性留学人员的重视。妇委会成立以后，在 1995 年成为全国妇联的团体会员之一。在全国妇联指导下、在总会支持下，妇委会二十多年如一日团结一致认真负责、创新活动内容和形式，为广大留学归国人员服务。

自 2009 年以来，本届妇委会在欧美同学会创下一批有口皆碑的品牌保留活动，如三八妇女节、六一儿童节的联谊活动，发动并联系了几代会员会友；此外，还举办一些与时政学术、妇女权益、家庭婚恋相关的研讨或大型活动，得到会员们的赞誉和支持。妇女委员们作出的贡献，在欧美同学会的历史上留下浓墨重彩的一笔。

【参考文献】

[1] 丁平一 . 中国近代教育思想发展史 [M]. 贵阳：贵州教育出版社，1993.

[2] 吴霓 . 中国人留学史话 [M]. 北京：商务印书馆，1997.

[3] 郑名桢 . 留法勤工俭学运动 [M]. 太原：山西高校联合出版社，1994.

[4] 钟叔河 . 走向世界——近代中国知识分子考察西方的历史 [M]. 北京：中华书局，2010.

[5] 许睢宁 . 欧美同学会简史（1913—2013）[M]. 北京：华文出版社，2014.

[6] 许睢宁 . 民国时期北京的欧美同学会 [M]. 北京：华文出版社，2014.

[7] 许睢宁 , 端木美 , 张文大 . 历史上的中法大学 [M]. 北京：华文出版社，2015.

第一章

中华新女性 睁眼看世界

在中国教育史中，近现代的留学运动是重要的一篇。19 世纪中叶鸦片战争后，西方列强的坚船利炮不仅打开了中国国门，也使得清王朝中有识之士认识到“睁眼看世界”的重要性。洋务运动、戊戌变法等自上而下的变法图存运动相继在中华大地展开：练新军、办新学、建海军、兴实业、派学生出国学习西方的文化和技术等纷纷兴起。主要的两大留学运动是 19 世纪 70 年代开始的赴美欧留学和 90 年代开始的留日热潮。

这个留学潮是和中华民族的历史命运相交织的。1894—1895 年，甲午中日战争爆发，清政府战败，签署了丧权辱国的《马关条约》。1900 年，八国联军攻陷北京；1901 年，清政府与十一国签订了更加丧权辱国的《辛丑条约》，其中规定，清政府向美国等西方八国共赔款 4.5 亿两白银，史称“庚子赔款”。美国获得的赔款超出按比例所得，经清政府官员多次交涉，为了自己的在华利益，1908 年，美国国会正式通过退还部分“庚子赔款”的议案，自 1909 年起，资助中国留学生赴美留学。其后，欧洲各国也效仿用庚款资助中国留学生。“庚款留学”作为“庚子赔款”的衍生物，是用中国人的钱资助中国留学生，是“官费留学的一个渠道”。

这两次战败和赔款，使中华民族陷入空前的危机，直接导致中国人民挽救民族危亡运动的高涨。因此，“救亡图存”寻求救国救民之途径就成为清末民初留学潮的主基调。

此后在20世纪初，李石曾与蔡元培等留欧前辈在多年的准备下，发动了留法勤工俭学运动，1919—1920年达到高潮，周恩来、陈毅、邓小平、蔡和森、蔡畅、向警予等都参加过这次影响深远的平民留学运动。1920年年初，李石曾与蔡元培等又在北京创办“中法大学”，次年在法国里昂成立其姐妹学校“中法大学”，为中国培养知识精英。同时期比利时，特别是沙洛瓦工业专修馆也接收过众多的中国学生，聂荣臻、刘伯坚等曾在此学习。

1917年俄国爆发的十月革命，给探索救亡图存的中国觉醒的一代指出了一条新的路径。为学习俄国革命的先进经验，1921—1930年，大批中国学子远赴俄国，开启了一场声势浩大的留学苏联运动。十月革命胜利后，为了培养东方各个被压迫民族的革命干部，苏联在1921年10月21日正式成立东方劳动者共产主义大学（简称东方大学），并设立中国班。该班至1928年停办，其间共派出四批学员留学东方大学。1921年，首批赴莫斯科东方大学留学的包括刘少奇、罗亦农、任弼时、萧劲光、彭述之、吴芳、华林、谢之锦、蒋光慈、柯庆施等。1922年后，由于欧洲经济萧条，工学难以为继，中国共产党开始安排留欧学生改赴苏联留学，成为东方大学第二批留学生的一部分，另一部分则从国内派遣。1923—1924年，中共旅欧支部共派遣3批留欧学生共50余人转赴苏联学习，其中就有蔡畅、郭隆真等女性。1925年2月，根据国内斗争需要，从东方大学抽调了包括聂荣臻、叶挺、王一飞、熊雄、范易、颜昌颐等二三十人到苏联红军学校中国班学习军事。1925年秋，第三批留学生抵达东方大学，包括彭干臣、罗世文、向警予、赵毅敏、王子详等，同时旅欧支部转来朱德、刘鼎、徐冰、熊正心等61人。1926年1月，傅钟、邓小平等20多名留学欧洲的学生从巴黎、柏林、比利时等地出发，前往莫斯科学习。与此同时，中国共产党也相继从国内派遣百余名进步青年赴苏联学习。

在这些留学生中，有一部分人被抽调到苏联红军学校学习。东方大学最后一批留学生是 1927 年 7 月，大革命失败后，为了尽快在短期内培养出一批军事干部，共产国际和中国共产党从全国各地挑选了六七百人赴莫斯科东方大学留学，后在 1928 年 9 月全部并入 1925 年在莫斯科创办的孙逸仙中国劳动者大学（简称中山大学）。该校于 1930 年停办，其间共有 1200 多名中国留学生在此学习，其中共产党员和共青团员的占比达到三分之二。除了东方大学和中山大学，中国还向苏联的政治学校和军事院校派遣了留学生，为国家培养了一大批优秀的理论和军事人才。此外，苏联国际革命战士救济会在 1926 年创办的国际儿童院，在这一时期还接收了一批中国共产党革命领袖和高级干部的后代学习和生活。他们严格按照苏联的十年制教学计划组织教育和教学活动。苏联卫国战争后，国际儿童院的一部分红色后代相继考取了莫斯科等地的高等学校继续接受教育，并在 20 世纪 50 年代学成归国，积极投身新中国建设。冯理达、朱敏、陈惠、罗莎、徐俊生、乔克湘、蔡特特等就是这批女性留学人员的代表。

20 世纪 20 年代的留学苏联运动，处于极端复杂的历史背景下，学生们多数来自国共两党。大部分中国共产党留苏学生回国后投身民主革命事业，利用自己在苏联学习的革命理论、军事技能帮助中国革命，传播先进的思想和技术，苏联的政治体制及其社会制度也为中国提供了宝贵的借鉴。派出的女留学人员比留法勤工俭学时期人数要多，她们中的著名人物有杨之华、贺子珍、李伯钊、夏之栩、帅孟奇、赵一曼、张琴秋、孙维世等。

日本自明治维新走上“脱亚入欧”的道路，西方各种主义及其理论都被列为值得日本了解和参考的知识对象，马克思主义也作为哲学和经济学领域的一部分，在学府教授，在社会传播。当时的日本就像一个了解西洋文明的窗口，一个汲取新知识、体验异国风情的新环境。一批中国留日学生接触到了日本马克思主义研究的先驱者，学习了马克思主义。因此，1896—1930 年，在留日群体中涌现出一大批影响中国近现代革命历史进程的人物，如辛亥革命的先驱和领导者，中国新文化运动、五四运动的领军人物，对中国共产党创建立下功勋、中共一大的几位代表，中国共产党的农民运动卓越领导人，包括秋瑾、徐锡麟、黄兴、唐群英、邹容、陈天华、宋教仁、廖仲恺、何香凝、鲁迅、李大钊、陈独秀、周恩来、李书城、李达、李汉俊、董必武、彭湃、陈望道等。

早期留学欧美的女性

清末民初留学欧美的女性逐渐增多，其中不乏对变革中国社会、以“教育救国”“科学救国”为理念颇有建树的女性。

早期留学美国的女性多为医生、教师等。清末在美国获得医学学位的四位中国女性是金雅妹、许金訇、石美玉、康成（又名康爱德）。这四名女学生赴美留学有一个共同的身份背景，即她们的生父或养父母皆为基督教牧师或传教士。金雅妹成为第一名获得美国大学学位的中国女性；1907 年，在直隶总督资助下创办北洋女医学堂，这是我国第一所公立的护士学校，是中国西式护理先驱。1884 年，许金訇到美国留学，先后在俄亥俄威斯利安女子学院（后改名为俄亥俄威斯利大学）以及费城女子医学院就读，并于 1894 年获得医学学位，不久回到福州，在圣教妇孺医院（福建医科大学前身）行医并担任院长。1892 年，石美玉与康成一起进入密歇根大学医学院学习，1896 年两人毕业同时获得医学学位。她们两人毕业后又一起回到九江，作为美以美会的传教士在九江行医。石美玉与康成在九江创办了但福德医院（九江妇幼保健院前身），后康成去南昌创办南昌妇幼医院（江西省妇幼保健院前身），石美玉负责但福德医院的工作，后去上海创办伯特利医院（上海交大附属第九人民医院前身）。此外，1908 年清末选派的第一批赴美留学女生，还有第一个牙医学女博士张琼仙，也是早期医学界的佼佼者。

1914 年起，清华学堂开始每隔一年选派 10 名庚款官费专科女生赴美留学，截止到 1928 年这一政策结束，清华一共向美国派送了 53 名专科女生。考察清华学堂派遣赴美女生，从招考、培训、赴美留学和回国后择业的全过程，可以大体把握 20 世纪初留美女生谋求自身的女权意识的觉醒以及对中国妇女解放运动的影响。这些女生在留学期间，用自己的实际行动证明享受现代教育可以脱离传统妇德的羁绊。她们通过课业学习和事业追求以达成自我实现和经济独立，显示出留美女性的群体性特征。

根据 1920 年《清华周刊》上登载的《清华女同学》一文的名录统计，1919 年归国的首批女生有张端珍、韩美英、李凤麟、林荀、汤蔼林、杨毓英；1920 年归国的首批女生有陈衡哲、周淑安、王瑞娴；1921 年归国的有丁懋英。因腿伤于 1918 年年初入史密斯学院的唐玉瑞，于 1920 年获得社会学学士学位，后入哥伦比亚大学，于 1923 年获得社会学硕士学位后回国在中学任教。她们努力在社会实践中获得多方面发展，在学业、社交方面展现出非凡的能力，证明在现代社会中“女子未必不如男”。

清末民初留学欧美的这批女生以“女国民”身份认同，关心中国时事与命运，并将爱国热情和中国的女子教育与女性解放联系起来，具有强烈的家国情怀。在美求学的经历，为她们回国后投身于中国女子教育与妇女解放事业奠定了坚实的情感基础。这些归国的女留学生，各出所学以报国，或改革社会，或改革家庭，或二者兼之。她们本人首先实现了自身的解放，实现了女性从家庭到社会角色的转换，多数人都围绕“医生和教师”择业，并试图投身于中国社会各行各业。其中一些人既是妇女解放的先行者，又是中国妇女运动的组织者和领导者。

1904—1907 年，海南文昌宋氏家族中的宋蔼龄、宋庆龄、宋美龄三姐妹先后赴美国留学，都曾就读于美国佐治亚州梅肯市威斯里安女子学院。她们回国后都参加了中国历史发展的进程。在中华民族抗日战争中，宋氏三姐妹参加了抗日救亡运动，发挥了重要的作用。特别是宋庆龄，为中华民族求解放、为建立和建设新中国、为实现祖国统一贡献一生，曾任国家副主席。

早年中国女性赴美留学，除了官费、庚款和自费以外，还有一个重要渠道就是考取巴伯奖学金。巴伯奖学金是1917年由巴伯在美国密歇根大学设立专门资助亚洲女性学习的奖学金。1917—1941年，来自世界各地十多个国家的212位亚裔女性获此荣誉，其中大约一半来自中国。在1955年之前的中国科学女博士先驱181人中有27人是巴伯奖学金获得者，其中陶善敏是中国第一位微生物学女博士，吴贻芳是中国第一位动物学女博士，酆云鹤是中国第一位化工女博士，刘叔庭是中国第一位数学女博士，顾静徽是中国第一位物理学女博士，中国最早的四位心理学女博士中有三位是巴伯奖学金获得者。她们在美国不仅学习西方国家先进的科学技术，更接触到资产阶级启蒙思想，她们中的很多人回国后出任大学校长、教育家、议员、外交官、科学家和行业领袖，对改变中国女性教育状况产生了十分重要的影响，为民族振兴、国家富强作出了不朽的贡献，对于国与国之间更好地相互理解及发展友谊产生了重要而微妙的影响。

中国著名社会活动家、教育家雷洁琼（1905—2011）与欧美同学会关系密切。她曾担任全国政协副主席、全国人大常委会副委员长、全国妇联副主席、欧美同学会名誉会长等职，以92岁高龄赴香港，亲眼见证了香港回归。雷洁琼青年时期参加五四运动，1924年抱着“读书救国”的思想留学美国，1931年回国后，在多所大学任教。抗日战争时期，她曾用四年时间到江西从事妇女教育与动员工作，以支持前线抗战。她以社会学的现代理论指导妇女、儿童、教育事业。1945年，她参与发起创建并长期领导中国民主促进会，是中国共产党的亲密朋友，为中国人民解放和建设事业作出过重大贡献。

清末派遣赴欧留学的人员较少，辛亥革命后一些仁人志士赴欧洲寻求救国救民之路。特别是在孙中山的亲密战友、留欧前辈蔡元培、李石曾等人的奔走努力下，发起推动“留法勤工俭学运动”，1919年3月—1920年12月达到高潮，涌现出一批女性革命者，如蔡畅、葛健豪、向警予、刘清扬，也有走上“教育救国”“科学救国”之路的郑毓秀、劳君展等人。其中，随着儿子蔡和森、女儿蔡畅、儿媳向警予一起赴法的五旬老人葛健豪（1865—1943），是中国早期社会活动家、女子教育先驱、女革命家，曾与秋瑾、唐群英并称为“潇湘三女杰”。她投身于女学教育和革命活动，与唐群英、王昌国等开创了宪法收录“男女平权”的先河。在法国期间，她努力学习法语，也用精湛的刺绣功夫勤工俭学补助儿女及其他学生，为人称颂。向警予是中国共产党唯一的女创始人，后来牺牲在敌人屠刀之下。蔡畅是中国妇女运动的先驱和卓越的领导者，国际进步妇女运动的著名活动家，参加过史无前例的二万五千里长征，新中国成立后，是全国妇联的卓越领导人之一。

蔡畅的同窗好友劳君展（1900—1976），参加过五四运动，创办《女界钟》。1919年秋考入上海东南大学，同年底赴法国勤工俭学，不久成为居里夫人唯一的中国籍女学生。1926年毕业于巴黎大学，1927年和丈夫许德珩相继回国。回国后，她曾在高校任教并积极参加抗日救亡运动。劳君展是九三学社的创始人之一，新中国成立后在多所高校任教，同时是丈夫——政治活动家许德珩副委员长的得力助手。留法的精英女性还有很多，在此不一一列举。

此外，留英的优秀女性，如曾宝荪（1893—1978）在伦敦大学、剑桥大学留学，立志以从事女子教育为终身事业，回国后在长沙创办了“艺芳”女子学校，为国家培养大批优秀女性人才。

除了留学欧美的一些著名人物外，20世纪二三十年代留苏的女性中也有许多佼佼者。如赵一曼（1905—1936），毕业于黄埔军校六期，1927年9月赴苏联莫斯科东方大学学习，1928年冬奉命回国从事革命斗争。1931年九一八事变后，赵一曼被派往东北领导抗日斗争，1935年11月，在一次对日作战中为掩护部队突围身负重伤不幸被捕，1936 年 8 月 2 日英勇牺牲在珠河县（今尚志市），年仅 31 岁。2009 年 9 月，赵一曼当选“100 位为新中国成立作出突出贡献的英雄模范人物”。

帅孟奇（1897—1998），出生于湖南省一个贫苦农家。1909 年到长沙周南女校读书，因家境贫困不到两年就中断学业，随后做工、务农、成婚，在父亲和丈夫的影响下踏上寻求妇女解放、中华民族独立的革命道路。1926 年加入中国共产党，1927 年 10 月被中共派赴莫斯科东方劳动者共产主义大学学习，1930 年奉命回国，在周恩来的安排下，在白色恐怖中坚持斗争。1932 年 10 月 10 日因叛徒出卖不幸被捕，在敌人的监狱里遭受种种非人的酷刑，但她视死如归，始终保守党的秘密，直到 1937 年 5 月被营救出狱，但已经家破人亡。帅孟奇长期从事妇女工作和中共组织工作，从基层党的工作者经历千锤百炼，成长为中国共产党的优秀高级领导干部。

早期的留日女性

日本是中国女子最早的留学地之一，也是清末中国女留学生最集中的地方。自明治维新起，在“文明开化”思潮中，受封建制度所禁锢的日本女性开始从女性意识的觉醒走向争取女性解放。日本女性思想解放运动走在了当时东亚各国的前面。19 世纪末的日本，女子初等教育有了长足的进步，涌现出一批女性教育家，下田歌子是其中的代表。下田歌子任校长的实践女子学校于 1899 年建立，据不完全统计，曾有二百多名中国女子留日学生就读于下田歌子创办的实践女子学校，对清末民初负笈东渡留日女性的思想解放产生重大的影响。留日女性在学习新文化、新科学知识的同时，其价值观和人生观冲破封建传统思想的束缚，发生了深刻的变化：女子应该求学、男女生而平等、女子应自尊自强、女子也有爱国的义务等观念逐步植根于留学生的深层意识里，从而推动她们投身于寻求妇女自身解放、寻求民族救亡图存的时代洪流中。据统计，清末民初的留日女学生曾先后在日本建立过四个学生组织，创办了九种杂志。如秋瑾创办《白话》，大胆抨击清朝官场黑暗，主张推翻清政府，宣传男女平等，提倡女子教育，号召妇女解放，等等。大批留日女学生纷纷加入革命团体，回国投身于反帝爱国的革命斗争，如何香凝、秋瑾、唐群英、吴亚男、刘青霞、王昌国等人加入孙中山领导建立的中国同盟会，为中国民主革命和妇女解放运动作出了极大的牺牲和贡献。归国后的留日女学生大力提倡兴女学，致力于发展国内的女性教育。她们或参与办校，或自筹办校。她们通过组织社团，创办杂志，对千百年来封建思想强加于中国女性的禁锢和压迫进行了无情的揭露和深刻的批判。

民国期间赴日留学的女性，归国后在教育、医学、实业方面均有建树。如被称为民国奇女子的杨步伟（1889—1981），1913 年官费赴日本东京学医，1919 年学成回国，在北京绒线胡同和同学创办了一所妇产科和儿科的私人专科医院——“森仁医院”，还着手开办“节制生育所”。她不但是中国第一代西医妇产科医生，也是中国历史上第一位女性医院院长。

另一位实业救国的典范费达生（1903—2005），1921 年考入东京高等蚕丝学校，1923 年毕业回国后任江苏省立女子蚕业学校推广部主任，主持蚕丝改进工作。她到农村传授科学养蚕方法，在农村建厂，改进缫丝设备，提高蚕丝质量，并在女蚕校设立制丝科，开展土丝改良运动，成为我国最早废除土法留种、采取近代科学方法的先行者之一。她不仅是我国乡村制丝工业首创者，而且是在乡村土地上为农村妇女解放开辟道路的实践者。作为著名蚕丝专家，费达生 80 多年来为推进中国蚕丝技术的不断发展作出了杰出贡献。1984 年，她成为我国第一位受到中国农学会表彰的为农业科研、教育推广工作作出杰出贡献的女专家。

李润诗（1906—1946），1929年怀着科学救国的志向，赴日本东京帝国大学研究院求学，从事内科、细菌科研究。1932年学成回国后，在北平开设“李钟雅诊所”。1931年九一八事变后，参加抗日救亡运动。1937年丈夫王思华（中共党员、欧美同学会会员）奔赴延安，其后李润诗（欧美同学会会友）也带着三个孩子奔赴延安，在医务工作中作贡献，并担负中共中央领导人的保健工作。李润诗因长期紧张、繁重的战斗生活和工作导致高血压并发脑出血，于1946年11月28日在东北解放战争中不幸以身殉职。

曾宪植（1910—1989）曾在湖南省立第一女子师范学校受教于徐特立先生。1927年进入黄埔军校武汉分校女生队学习军事，参加北伐战争、广州起义，1928年春加入中国共产党，同年夏被派往上海从事革命工作。次年受国民党当局迫害被捕入狱，经党组织营救出狱，而后由党派往日本留学，1931年回国。曾宪植回国后从事抗日救国的宣传工作、妇女工作、统一战线工作、土地改革运动等，曾担任邓颖超和宋庆龄的秘书。新中国成立后历任全国妇联的领导职务达40年，是中国妇女运动的杰出组织者和领导者之一。

冰心（1900—1999），原名谢婉莹，中国现代作家、翻译家、诗人，中国民主促进会成员。早期留美（1923—1926），回国后，曾在燕京、清华等多所高校任教。1940年迁居重庆，成为社会活动家。1946年被日本东京大学聘为第一位外籍女教授，讲授“新中国文学史”。1951年秘密回国，加入中国作家协会，长期担任中国作协、中国文联、中国民主促进会、全国人大、全国政协、全国妇联等机构公职，是欧美同学会第一、第二届理事会名誉副会长。

综观早期留学女性，她们自我意识觉醒较早，勇敢挣脱封建礼教束缚，冲破种种障碍走出国门学习，有着特殊的勇气和非凡的胆识。她们在国外勤奋学习，接受民主思想的启蒙，寻求不同的救国道路。留学经历让她们更加认识到只追求自身的解放是远远不够的，还应该让更多的女性从封建枷锁中解放出来。她们为争取民族解放前仆后继，为寻找光明道路而不惜牺牲生命。

回国后她们或致力于推动中国女性教育事业的发展，为女子的独立和职业化树立榜样；或引导女性冲破守旧的观念，为争取男女平等、为提高中国女性社会地位而斗争。她们遍布各行各业，在当时中国急缺人才的情况下，对中国社会产生的影响巨大。这些女留学生为中国社会的发展和妇女解放事业建立了不朽的功勋。

【参考文献】

[1] 范明.她们从安娜堡走来：巴伯奖学金和中国女留学生先驱."知识分子"微信公众号，2021-07-08.

[2] 张红萍.女性先驱者的足迹——近代女留学生对中国社会和妇女解放的贡献[J].社会科学论坛，2008（21）.

[3]《穿越星星之火》《百年留日学生纪录片》，旅日侨网,2021年5月—8月.

[4] 王晓秋.中国留学生留学日本110年历史的回顾与启示[M]// 留日同学会.中国留学生留日110周年纪念会文集,2006.

[5] AHHa.见证中国革命史：20世纪20年代的留苏学生们[J].留学杂志,2019（16）.

[6] 王晓慧.1914年清华学校首批留美专科女生考略.清华校史馆,2018-06-28[J]// 江苏师范大学学报（哲学社会科学版），2018，44（3）.

[7] 雾谷飞鸿 Xiaolu.清末在美获医学学位的四名中国女性.美国驻华大使馆,2019-10-15.

[8]《劳君展：居里夫人的中国籍女学生，曾匿名带火腿给在延安的毛主席》.夏觅一年，网易,2021-06-20.

[9]《忆雷洁琼：从五四运动到副委员长》，23号小组，全国人大，2016-05-04.

[10] 乔素玲,刘正刚.清末留日女生的女性观[J].淮南师范学院学报,2001（1）.

[11] 甘康丽,叶宋敏.清末民国初年留日女性与明治维新时期新女性的比较[J].文教资料,2018（8）.

[12] 民国才女杨步伟：19岁当校长，32岁嫁学霸，4个女儿全是名校教授."民国风情"微信公众号，2022-02-23.

[13] 红色湘女事迹微集锦——王昌国."湖南女子学院"微信公众号，2021-06-08.

[14] 欧美同学会·中国留学人员联谊会.欧美同学会简史（1913—2013）[M].北京：华文出版社,2014.

[15] 留日同学会.留日百年巡礼——纪念中国留学生留日110周年，2006.

划破沉沉暗夜的彗星

——辛亥革命先驱、“鉴湖女侠”秋瑾

秋瑾（1875—1907），中国民主革命烈士。初名闺瑾，字璿卿，号旦吾。东渡后改名瑾，字竞雄，自号“鉴湖女侠”，浙江山阴（今绍兴）人。1896年（清光绪二十二年）奉父母命嫁湘潭富绅家。1904年赴日本留学，积极参加留日学生的革命活动，次年先后加入光复会和同盟会。1906年为反对日本政府颁布《清国留学生取缔规则》而回国。次年1月在上海发刊《中国女报》，提倡女权，宣传革命。不久回绍兴主持大通学堂，联络金华、兰溪等地会党，组织光复军，与徐锡麟准备在浙江、安徽两省同时起义。7月，徐锡麟在安庆起义失败，清政府发觉皖、浙间的联系，派军队包围大通学堂，秋瑾被捕不屈，15日就义于绍兴轩亭口。工诗词，作品宣传民主革命、妇女解放，笔调雄健，感情奔放。今辑有《秋瑾集》。

2021年是辛亥革命110周年。被孙中山称为“浙人之首先入同盟会者”“最好的同志秋女侠”的辛亥革命先驱——秋瑾，穿越历史的时空展开了她传奇的一生。

女儿身，男儿烈

1875年，秋瑾出生于福建云霄抚民厅。父亲是当地巡抚，母亲是名门之后，她从小就是父母的掌上明珠。小时候，秋瑾想读书，父亲就给她请有名的老师。她天资聪颖，不到10岁就熟读了“四书”“五经”，11岁便学会写诗填词，并且诗词的立意和格调都非常高。她从小就仰慕英雄豪杰，最钦佩历史上的“巾帼英雄”，热望把裹在头上的妇女头巾换成战士的盔甲，像花木兰、秦良玉那样，为国家效命疆场；她不爱女装爱戎装，喜欢穿男人的衣服，而这一习惯，直到她嫁夫生子依然没有改变。15岁时，她想练武，母亲就让她和舅舅、表兄一起骑马击剑，父亲专门为她修筑练武场地。秋瑾每天闻鸡习武，挥刀舞剑，练得身手矫健敏捷。优越的物质生活、宽松的家庭教育，养成了秋瑾豪爽、有主见、敢想敢做的性格。祖父秋嘉禾因此常常发出长叹，说："阿瑾错生为女儿身了，如果是个男孩，定然是人中龙凤啊。"祖父的叹息，让秋瑾更加坚定了自己要像男儿一样建功立业的志向。她以诗明志："身不得男儿列，心却比男儿烈。"

闽、湘、越三地之女杰

秋瑾的一生是短暂而辉煌的，她从出生成长到出嫁，再到为信仰献身，足迹踏遍闽、湘、越三地。

秋瑾的出生地和早年受教育之所是在充满漳南理学文化特色和教化功能的云霄厅紫阳书院学舍（七先生祠）。"紫阳"是理学大师朱熹的号，以其命名的书院大多尊崇理学。历史上以"紫阳"命名的书院很多，分布在徽州、苏州、杭州、漳州、汉口等地，漳州也是朱子理学重要的发源地，故有"紫阳书院"。"七先生祠"则是为历代对云霄建学兴贤、卓著政绩的名宦廉吏与缙绅七位先贤而建。秋瑾出生与成长的居所，由一墙之隔的紫阳书院和七先生祠两组建筑组成，坐落于漳州云霄县城云陵镇享堂村（西北路 268 号）。秋瑾从小浸润于紫阳书院的墨韵书香之中，11 年间饱受儒学浸润，随兄长誉章及学子们读书习文、学诗写字，母亲称其"天资颖慧，过目成诵"，祖父称其"才比班昭"。这些学习经历为秋瑾成长为才华横溢的女诗人打下了坚实的文化基础。秋瑾又崇拜岳飞、文天祥、花木兰、秦良玉等先辈英雄和女中豪杰，蔑视封建礼法，提倡男女平等。1894 年的中日甲午战争，清朝战败，割地赔款，从此整个国家陷入衰败和战乱，秋瑾不愿"与世浮沉，碌碌而终"。因此，她的诗作充满强烈的爱国思想和饱满的革命热情。福建（闽）漳州云霄的乡土文化孕育出一位胸怀天下、心系国家民族大志、特立独行的辛亥女杰。

秋瑾的父亲秋寿南1893年到湘乡（湖南）做官，结识了曾国藩之孙曾广钧，经其介绍，秋瑾于1896年出嫁到湘乡双峰县荷叶镇，与“湘潭首富”之子王廷钧成婚，算得上是“官商联姻”。湘乡双峰的故居是秋瑾的婆家，湘潭的故居是他们夫妇的商铺，九郎山下株洲石峰区大冲村故居则是秋瑾的婚房，秋瑾在此生子沅德、育女桂芳，所以，在湘人看来，这里才算得上是秋瑾真正的家。秋瑾也是从这里开始她的革命之路的。秋瑾入住之后，给大屋取了一个文艺的名字“槐庭”，1906年她回婆家为办报筹款，还在院内亲手种植了一棵白玉兰。好武的秋瑾在这远离城市的乡间，常骑马、射箭；在湘潭还曾拜在巫姓拳师门下，系统练习了11套拳术、棍、单刀等器械的招数。她经常出游，徒步湘江两岸、乡村、古道，行吟岳阳楼、屈子祠、贾谊宅、定王台、马王堆，还不时下乡劝妇女读书、放脚。在浏阳，秋瑾结识了维新志士谭嗣同、唐才常，不仅受到变法维新、救亡图存的革命思想的影响，也被谭嗣同“愿以颈血刷污政”的视死如归的精神所震撼。在湘潭的时候，秋瑾常与曾国藩的堂弟媳唐群英、曾国藩的侄女婿葛葆吾之女葛健豪往来。她们三人诗歌酬答，纵论天下，豪气冲天，时有“潇湘三女杰”之称。

秋瑾英勇就义两年后，她的丈夫王廷钧也因病离世。1941年，秋瑾的儿子王沅德将“槐庭”及周边田产无偿捐献给新群中学作为校舍，唯一的要求是“在别墅内建秋瑾堂一间，以追念母仪”。2012年，湖南大学建筑学院教授柳肃接受了在废墟之上重建秋瑾故居的任务，20万块上百年的古砖、传统的建筑工艺、天井的玉兰树 …… 修复者重现百年前的秋瑾故居，以志湘乡人民对秋瑾的敬仰与缅怀。

秋瑾祖籍为浙江山阴（今绍兴），绍兴有鉴湖，秋瑾自命“鉴湖女侠”。春秋战国时期的越国主要以绍兴禹王陵为中心，故绍兴也常被称为“越地”。1906年，秋瑾自日本归国，从主持大通学堂直到被捕前夕，一直在位于绍兴市越城区塔山西麓和畅堂生活并从事革命活动。这是一座清代建筑，堂前正中有一匾，上书“和畅堂”三字。“和畅”是取王羲之《兰亭序》中的“惠风和畅”之意。至今屋内仍挂有一张秋瑾的男装小照，照片中的秋瑾英姿飒爽，确有巾帼不让须眉的侠客仗义之气。卧室里的书桌以及文房四宝等，则显示了秋瑾的另一个身份——文人，或者说是诗人、词人和散文家。

绍兴是辛亥三大革命团体之一——光复会的大本营，是辛亥革命的重要发源地之一。以徐锡麟、秋瑾、陶成章为代表的绍兴辛亥志士，在革命中发扬了越地祖先卧薪尝胆、前仆后继、视死如归的精神。孙中山曾评价“为推翻专制、建立共和，绍兴有徐锡麟、秋瑾、陶成章三烈士，于光复事业，功莫大焉！”越地“辛亥三杰”成为中国历史上顶天立地、铁骨铮铮的人物。1907 年 1 月 14 日，秋瑾创办《中国女报》，提倡女子独立、男女平等，她意识到革命不只是政治革命，更是对女权革命的觉醒与伸张。她第一个提出创建“妇人协会”的主张，曾写下：“女子必当有学问，求自立，不当事事仰仗男子。”为近代妇女解放吹响了第一声号角。作为女子，秋瑾的牺牲是对当时中国人的棒喝，是唤醒沉睡中的大多数中国人的警笛。周恩来认为：“秋瑾是一个带头打破‘三从四德’这种封建束缚的‘新女性’”，“在反帝反封建的口号还没有喊出来之前，她敢于仗剑而起和黑暗势力战斗，真不愧为一个先驱者。”周恩来曾给表妹王去病题词：“勿忘鉴湖女侠之遗风，望为我越东女儿争光！”

从“清诰封夫人”到反清革命烈士

秋瑾的曾祖、祖、父三代仕清。她因祖父秋嘉禾曾在福建云霄厅任职而出生于福建漳州，又因父亲秋寿南到湘乡做官而嫁到湘乡。1900 年，王廷钧担任工部主事一职（六品），秋瑾携子女跟随丈夫到北京赴任。1901 年 11 月，秋瑾的父亲去世，她不忍秋家从此衰败，让其长兄带领家人到湘潭定居，与王家合开“和济钱庄”。1904年，王廷钧通过继续捐钱，得加四级，旋升工部郎中，赏给二品顶戴，诰授荣禄大夫，秋瑾也被诰封为“恭人”。据1916年修的湘乡《上湘城南王氏四修族谱》载：“王廷钧配秋氏，字瑾，寿南公女，清诰封夫人……光绪三十三年丁未六月初六辰时殁浙江山阴县，葬西湖，有碑亭。”纵观秋瑾的家世，她是可以一生坐享荣华富贵的。然而秋瑾的非凡之处却在于她是一位“恨不生为男儿身”、纵使“女人也有救国救民的责任”的奇女子。

秋瑾所处的时代，一方面是外国列强不断侵犯中国，腐朽的清政府与列强签订了无数不平等的条约，另一方面，“公车上书”、戊戌变法等寻求救国救民的维新运动也传播了学习西方、提倡科学文化等新思想。1900年义和团运动失败，本已满目疮痍的神州大地，更是危象丛生。秋瑾目睹八国联军在北京的野蛮暴行，忧愤于心，日夜思谋以实际行动来挽救祖国的危亡，呐喊“重重地网与天罗，幽闲深闺莫奈何”。在北京，秋瑾不仅阅读了进步书报，开阔了眼界，而且结交了几位思想活跃的新知识女性：她和《大公报》的名记者吕碧城的交往，被外界称为“双侠”；而与安徽桐城才女吴芝瑛意气相投，结为金兰之好（现在浙江省博物馆收藏有1904年2月秋瑾和吴芝瑛订交的《兰谱》）。

秋瑾的报国理想，没有得到丈夫的理解和支持。为了阻止秋瑾出走，王廷钧偷偷将她的珠宝和积蓄全部偷走。秋瑾无所畏惧：“你可以窃去我的钱财，但你捆不住我出国留学的决心。”她曾感慨地说：“人生处世，当匡济艰难，以吐抱负，宁能米盐琐屑终其身乎？”秋瑾变卖了仅剩的财产和衣物，加上朋友的资助，1904年7月3日离开北京，抛家别子，只身东渡日本求学，迈出了她革命生涯的关键一步。

扶桑寻救国之方略，越地洒救国之碧血

秋瑾东渡日本留学，结交了鲁迅、陶成章、黄兴、宋教仁、陈天华等一批反清志士仁人，后来更是结识了孙中山等人。他们秘密结会，以“反抗清廷、恢复中原”为宗旨，创办《白话报》。秋瑾加入洪门天地会，被天地会众奉为“白纸扇”（军师）。她积极地投入中国留学生的革命斗争，创作了《鹧鸪天》，抒发立志为国牺牲的心声。“祖国沉沦感不禁，闲来海外觅知音。金瓯已缺总须补，为国牺牲敢惜身。嗟险阻，叹飘零，关山万里作雄行。休言女子非英物，夜夜龙泉壁上鸣。”

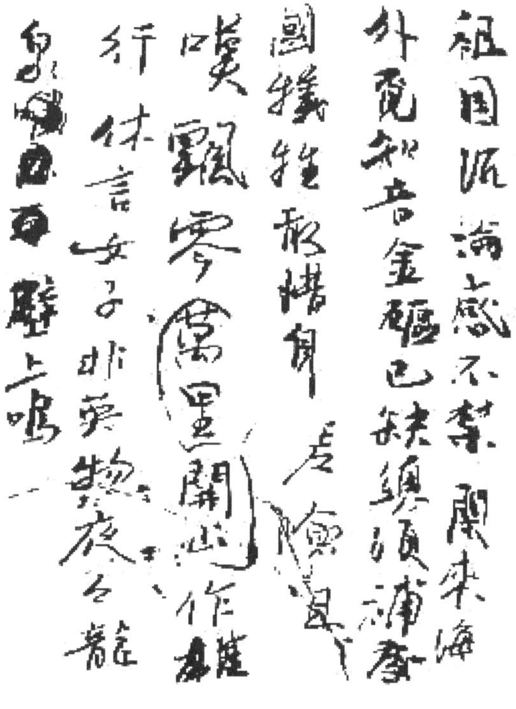

这时的秋瑾意识到东方女性受到极度的压抑，一直被当作弱者，因此她的革命不只是政治革命，更大一部分是她对女权革命的觉醒与伸张。她联络

当时留日的女同学，组织“共爱会”，自己任会长。

1905 年 8 月同盟会成立后，秋瑾被推选为同盟会评议部评议员和浙江省主盟人。日本政府在 1905 年颁布《清国留学生取缔规则》。在这种情况下，秋瑾主张全体留学生回国进行革命，未得到全体响应。她本人和响应的留日学生愤然回国。秋瑾在上海创办中国公学，创办女校并担任教师。

1906 年，秋瑾由徐锡麟介绍，加入了光复会。她和一些同志在上海设立革命机关。秋瑾返回绍兴，主持大通学堂。大通学堂原为徐锡麟、陶成章等创办，是光复会训练干部、组织群众的革命据点。在大通学堂，秋瑾为了进一步训练革命力量，成立了“体育会”，招纳会党群众和革命青年，进行军事操练，并积极联络浙江各地会党，组成“光复军”，推举徐锡麟为首领，秋瑾任协领，积极地进行起义的筹备工作。为有效地组织武装起义力量，秋瑾整顿光复会组织，她将光复会会员分成 16 级，以“黄祸源溯浙江潮，为我中原汉族豪，不使满胡留片甲，轩辕依旧是天骄”这首七绝诗中前 16 字分别作为 16 级的表记。她还秘密编制《光复军军制》，将光复军全军分为 8 军，以“光复汉族，大振国权”8 字分别作各军表记。

1907 年 5 月，徐锡麟准备在安庆起义，秋瑾在浙江等地响应。但徐锡麟起义计划泄露，7 月 6 日，徐锡麟仓促刺杀安徽巡抚恩铭，被捕牺牲，起义很快失败。秋瑾主持的浙江地区起义，因被告密，计划完全泄露，形势十分危急，同志们劝她暂避一时，秋瑾以谭嗣同为榜样，表示“革命要流血才会成功”，她决心做中国妇女界为革命牺牲的第一人。秋瑾安排大家撤离，自己毅然决然地留下来，在大通学堂与前来包围的清军作殊死战斗，终因寡不敌众，不幸被捕入狱。秋瑾的凛然正气让审判者望而生畏。1907 年 7 月 15 日，秋瑾在绍兴轩亭口从容就义，年仅 32 岁。在沉沉的暗夜，一颗闪亮的彗星划过天际……1979 年 8 月宋庆龄先生题词：“秋瑾工诗文，有‘秋风秋雨愁煞人’名句，能跨马携枪，曾东渡日本，志在革命，千秋万代铸侠名。”

中国妇女之先觉者

秋瑾牺牲4年后，武昌起义爆发，辛亥革命推翻了清政府的统治，从而结束了中国两千多年的君主专制，开启了共和制度新纪元。1912年12月，孙中山莅临杭州，亲往秋社致祭，题赠挽幛“鉴湖女侠千古巾帼英雄”；楹联：“江户矢丹忱，感君首赞同盟会；轩亭洒碧血，愧我今招侠女魂！”在所著《建国方略·有志竟成》中再次褒扬秋瑾等革命志士的功绩。

1930年，秋瑾纪念碑在绍兴市越城区解放路府横街的古轩亭口落成，碑高7米。20世纪50年代，秋瑾灵柩迁葬于杭州鸡笼山辛亥革命烈士陵园。现西泠桥畔立有秋瑾烈士全身塑像，接受世人缅怀。

绍兴秋瑾故居门厅楣上“秋瑾故居”匾额系何香凝手书。笔力遒劲的题书，或许就是一位女革命家对另一位女革命家的欣赏、怀念和惺惺相惜之情的含蓄表达。何香凝先生还为《秋瑾集》题签。中国妇女运动的领袖邓颖超、康克清等都曾经为秋瑾题词。

近代中国是一个革命的时代，革命离不开作为“半边天”的女性。110年间，后人对秋瑾的研究、评论从未间断，秋瑾成为近代中国女性革命的一面旗帜，一个代表近代中国女权革命女性的颇具象征性意义的标志性历史人物。著名历史学家范文澜称秋瑾为“女革命家”，认为“秋瑾是中国历史上妇女的伟大代表人物”,“她认定革命是救国的唯一道路”，并“坚决走革命道路”。“她在轩亭口从容就义，用纯洁的血为中国妇女画出了一条鲜明的路线来，后来千千万万的爱国妇女，在新民主主义革命时期，参加了革命队伍，正像秋瑾所希望的那样，为‘我中国女界中放一光明灿烂之异彩’。”

《中华民国史》主编李新说：“秋瑾是旧民主主义革命中牺牲的一位杰出的女英雄。”

金冲及、胡绳武在《辛亥革命史稿》中，明确地认定：“秋瑾是辛亥革命时期最杰出的女革命家”，“是中国第一个为民族民主革命流血的女革命家”。

【参考文献】

[1] 秋瑾故居与紫阳书院，原创：丑丑（原名陈凌燕），“好山好水”微信公众号，2022-05-29，发表于福建.

[2]《走进秋瑾故居 · 感悟红色芳华》红色文化实践专项——成果篇（二），泉州职业技术大学三创书院，2022-02-28，发表于福建.

[3] 云霄：辛亥革命女杰秋瑾出生与成长之地，原创：老齐，“老齐视界”微信公众号，2021-10-11.

[4] 秋瑾：从漳州云霄走出的辛亥女杰，“福建纪检监察”视频号，2021-11-15，（供稿：漳州市纪委监委、云霄县纪委监委）.

[5] 唐兵兵 .20 万块古砖还秋瑾故居原来模样 [N]. 潇湘晨报 , 2019-07-27（A08）.

[6] 辛亥革命 110 周年 | 在越城寻访“辛亥三杰”，“越城发布”微信公众号，2021-10-09，图文：越城区融媒体中心，融媒专员：鲁慧川，当班编辑：陈思嘉，审核：王阳阳，胡牡丹 .

[7] 瀚学学业规划指导中心，《辛亥三杰之一——秋瑾》，2016-11-12.

[8] 近代才女秋瑾经典诗词 6 首，巾帼英雄不让须眉！，“Q 哥闲话”微信公众号，2022-02-07.

[9] 一天一首古诗词 | 初中古诗词，秋瑾《满江红 · 小住京华》，“唐诗宋词古诗词”微信公众号，2020-08-19.

郑毓秀：女中翘楚，传奇人生

郑毓秀（1891—1959），民国时期著名的社会活动家、出色的革命家和女权运动的倡导者。15 岁就加入了同盟会。1919 年巴黎和会上，郑毓秀和一批留学生、勤工俭学生成功地阻止中国代表团在和约上签字。1924 年，郑毓秀取得巴黎大学法学博士学位，成为中国历史上第一位女性博士，第一位女性律师，第一位省级女性政务官，第一位参与起草《中华民国民法典草案》的女性，第一位地方法院女性院长与审检两厅厅长。

她是中国第一位女博士、第一位女律师，民国时期第一位省级女性政务官、第一位地方法院女性院长与审检两厅厅长、第一位非官方女性外交特使，第一位参与起草《中华民国民法典草案》的女性……她创造了中国历史上女性的多个“第一”，是开风气之先的女中翘楚；她是民国时期著名的社会活动家、出色的革命家和女权运动的倡导者。她，叫郑毓秀。

“叛逆”少女

1891 年，郑毓秀出生于广州府新安县（今属深圳宝安区）的一个封建官吏家庭。祖父郑姚，穷苦出身，后在香港发迹，成为拥有众多商铺和地产的大商人，因赈黄河水灾受到慈禧太后的封赐。父亲郑文治，是清末户部的一个官吏。郑毓秀幼年学习儒学，研读“四书”“五经”，然而她天性“叛逆”、具有反抗精神，将“三从四德”置于脑后而不理。当时裹脚之风犹存，任凭家人怎样软硬兼施，年仅五六岁的小毓秀就是不肯缠脚，家人无计可施只好放弃。郑毓秀 13 岁的时候，得知祖母在她年幼时就为她与当时两广总督的儿子定了亲，颇为不满，亲自写信给男方解除了这场未经其同意的婚约，惹了一场风波，只好离家出走，到天津教会学校接受西式教育，两年后随姐姐东渡日本。

反清猛将

在日本期间，郑毓秀接受了孙中山反清革命思想熏陶，认识到要救国、要改变女性的地位，只有推翻封建统治。经廖仲恺介绍，她参加了孙中山领导的资产阶级革命党——同盟会，不久后回国从事革命活动。廖仲恺特别写信给郑毓秀，要求她全力帮助汪精卫等人针对清政府高官的暗杀行动。汪精卫见到郑毓秀后对她说："最近北京的火车站盘查得很严，想请你帮我们把炸弹带入北京。不过这是一件非常危险的事，炸弹在路上一不小心就有可能爆炸。"郑毓秀当即应道："如果不会爆炸，还叫什么炸弹，这事就交给我了。"辛亥革命前后，郑毓秀不顾生死安危往来于京津，多次为革命党人秘密运送军火、传递情报，参与多次暗杀清廷要员的活动。经过周密安排，刺杀良弼的行动终于成功。坊间对郑毓秀有"民国第一女刺客"之誉。

多姿多彩的留学生涯

在四处漂泊的革命岁月里，郑毓秀发觉，要救国救民，光靠勇敢和热情还远远不够，必须具备先进的思想和技术，才能有真正的用武之地。1914年，郑毓秀远渡重洋来到法国，进入巴黎大学的前身索邦大学攻读法学专业。郑毓秀聪明好学、为人热情，又风度优雅、能言善辩，能说一口流利的法语。1917 年 7 月成立中法协会时，郑毓秀作为学生代表登台演说，面对数千听众，她慷慨激昂地宣扬中华民族的灿烂文化以及爱和平、重信义的传统美德，令听众耳目一新。之后欧洲各国文人、政府都向她了解真实的中国，郑毓秀也因此闻名巴黎。3 年后，郑毓秀以优异的成绩获得巴黎大学法学硕士学位，并继续攻读博士学位。她加入了法国法律协会，是该学会的第一位中国人。1918 年，郑毓秀受南方军政府吴玉章主持的外交委员会委派，在法国进行国民外交工作。她一面勤奋苦读，一面忙于社交界，巴黎的“郑公馆”客厅座上客是常满的。由于郑毓秀热心慷慨又乐于助人，“郑公馆”不仅是留学生爱去的地方，也是革命同志、政府要人到巴黎时的聚会所在。

躬身铺路，襄助俭学生

1920 年，郑毓秀应吴玉章邀请从法国回国，赴四川宣传男女平权，鼓励女生出国留学。同年 12 月，郑毓秀与张申府、蔡元培、陈大齐、刘清扬等同船赴法，她亲自带了四川女生张振华等 6 人，为她们筹措旅费，送至法国勤工俭学。郑毓秀与留法勤工俭学学生周恩来、蔡和森、蔡畅、向警予、刘清扬、陈延年、赵世炎、李隆郅（李立三）、邓希贤（邓小平）、何长工、李维汉、郑超麟等早期共产党人关系密切，对生活困难的勤工俭学学生多有资助。1921 年 5 月天津《益世报》（周恩来此时任该报的海外通讯记者）的长篇通讯中对郑毓秀的资助多处称赞。向警予在 1922 年 3 月 12 日的信函中也高度赞扬了郑毓秀在巴黎帮助她们解决困难的义举。

东方第一位女博士

1924 年，品学兼优的郑毓秀获得巴黎大学法学博士学位，成为中国乃至东方女性第一位获此殊荣者。她在自传中有详细描述："我终于从巴黎大学毕业。毕业那天是我人生中重要的一天，想起那天，我人生中那样一个重要的时刻，至今还是很开心。那天我特别精心打扮，像是为了我的婚礼一样慎重。我穿着一袭浅蓝色洋装，简单的中式剪裁，搭配玉耳环和玉胸针，展现了中国风情，但头发则剪成时下最流行的鲍伯短发。由于这场合具有特殊意义，学院院长预定了最大的礼堂，表扬我的荣誉。""主考官们就坐在室内正中央的那张桌子前。主考官穿着传统的红色貂皮绲边长袍，我站在他们面前，以颤抖的声音回答关于论文的问题。我的毕业论文是《中国宪法新草》（The New Draft Chinese Constitution），我的声音往上传递，在空荡的哥特式拱顶内碰撞，产生回音……"

风光无限的女律师

在法期间，郑毓秀找到了自己的终身伴侣魏道明。1926 年，魏道明获得巴黎大学的法学博士学位，同年回国。郑毓秀与魏道明一起在上海法租界开办了一家律师事务所，郑毓秀成为当时"中国第一个且是唯一之女律师"。律师事务所开业时，他们在上海霞飞路东华大戏院设宴庆祝。宴会上名流云集，郑毓秀激情演说："国家由人治入法治之际，一国之女子，苟能振作有为，即足证明其国家之人人克尽厥职，百废俱举也……不仅是克尽女性公民对法律救国事业所应承担的职责，同时也是与男同胞一起谋增高女子在法律上之地位所做的一种努力。"

郑魏律师所开业后接的第一个案子就是一位妇女因其丈夫移情别恋而要求离婚。郑毓秀听完该妇女的诉说，当下就很激动，立即表示不收钱也要帮她打这场官司。当时在上海，由于洋人享有领事裁判权，华人与洋人打官司十有八九都要吃亏，所以一般律师都不愿意接这种吃力不讨好的案子。但郑、魏二人为保护华人的利益，多次在法庭上与英、法等国领事力争。郑毓秀成为名扬上海滩的大律师。

推动法治建设的女委员

郑毓秀还曾被聘为北京女子师范大学校长、私立上海法政学院院长，先后著有对于中国法律具有深远影响的《中国比较宪法论》，以及最早向国人介绍国际联盟情况的《国际联盟概况》等作品，“以所学之法律服务国家”。她先后担任上海审判厅厅长、江苏地方检察厅厅长、上海法院院长兼上海发行院院长等要职。1928 年，南京国民政府成立后，郑毓秀被选为国民政府立法委员会委员。她被委任参与民法典的编纂制定，是《中华民国民法》编撰五人小组里唯一的女委员。她力主男女平等，提出增加多条女性权利保护条文，诸如女子与男子同享平等的继承权；成年女子有权签订或废止婚姻契约；已婚妇女有权保留自己的姓氏，不冠夫姓……这部民法典首次把妇女婚姻自主等权利写进法律条文，是郑毓秀在中国妇女解放史上所作出的卓越贡献。

最爱唱《义勇军进行曲》

抗战期间，郑毓秀迭任国民政府教育部司长、次长。她的侄子郑云、侄女郑汉英均为空军飞行员，他们驾驶战机，鹰击长空，英勇迎战来犯之敌。郑毓秀最爱唱的是抗战歌曲《义勇军进行曲》，她说："这支响彻时代的流行歌曲，比任何词汇都更生动地表达了中国人民的心声。""无论我身处何地，无论在何处听到演奏演唱，无论由谁演唱这支时代流行曲，我都不会充耳不闻、无动于衷，而是心跳随之加速、不禁潸然泪下。令我泪流满面的不是悲伤和愁苦，而是来自心底的骄傲与自豪感。"她在自传中写道：抗战期间，中国人民的精神面貌发生了巨大变化，"人们深信，中国最后将摆脱苦难与血污，赢来胜利。这绝对是一个国家的复兴与国民精神的复苏。所有的人都满怀最终迎来胜利的信念，并在信念的支撑下浴血抗战"。

"具有政治头脑"的大使夫人

1941 年，郑毓秀的丈夫魏道明被任命为驻法大使，次年接替胡适出任驻美大使。郑毓秀随夫君赴美，协助开展外交活动，曾任美国援华会名誉主席，呼吁同盟国与华侨支持祖国的抗战大业。1943 年 1 月 11 日，魏道明以驻美大使身份代表中国政府与美国国务卿赫尔签订《中美新约》，宣布废止美国历史上强迫中国签订的一系列不平等条约，取消在华"治外法权"及有关特权等，堪称中国近现代外交史上的开创之举。1943 年，郑毓秀陪同宋美龄访美，深谙政治的罗斯福总统夫人称赞郑毓秀"具有政治头脑，不同于历任中国大使夫人"。郑毓秀夫妇代表中国政府积极参与联合国筹建，促进了中国国际地位和形

郑毓秀夫妇抗战期间在华盛顿

象的提升，并与出席联合国旧金山制宪会议的中共代表董必武建立了诚挚的友谊。

“玫瑰枪事件”的女主角

1919 年巴黎和会期间，郑毓秀担任中国代表团的联络和翻译工作，她同时还是留法学生组织的重要领袖，是组织留学生经常到中国代表团驻地游行、请愿，要求代表团拒绝签字的主要负责人之一。在西方列强操纵的巴黎和会上，相关条约不利于中国，中国的外交失败引发了国内反帝反封建的五四运动。在巴黎和会签字的头天晚上，即 1919 年 6 月 27 日晚上，300 多名留法爱国学生和华工包围了中国首席代表陆徵祥的驻地，要求他不要在和约上签字，郑毓秀被推举为代表与陆徵祥谈判。然而此时陆徵祥已接到北京政府示意，正准备在和约上签字。郑毓秀急中生智，在花园里折了一根玫瑰枝，藏在衣袖里顶住陆徵祥，声色俱厉地说：“你要签字，我这支枪可不会放过你。”最终，中国代表团没有在和约上签字，保留了中国政府收回山东的权利。

“玫瑰枪事件”是郑毓秀精彩人生中最引以为傲的经历，她自己十分乐意讲述，20 世纪 40 年代郑毓秀在美国做大使夫人时，曾以此为书名出版了自传。那根法国玫瑰枝，她一直保留着，在异乡的日子里总是随身携带。1959 年 12 月，郑毓秀走完了自己传奇的一生，病逝于美国洛杉矶，终年 68 岁。客厅里，那根早已干枯的玫瑰枝干，被她镶进画框，悬挂在墙上。她仍在怀念那个“以玫瑰为枪”的历史瞬间。

郑毓秀几乎一生都在为中国女性获得平等权利而努力，她是那个时代伟大的新思想推广者，是女性地位的守护者。留学归来，作为首个东方女性以平等的身份登上西学东渐舞台，在法制建设、教育发展领域颇有建树，是激励后来女性前行的榜样。一代女杰之坚毅果敢、热血慷慨的气质，侠义担当、百折不回的品格，尽忠职守、至诚报国的精神，值得后人缅怀与铭记。

【参考文献】

[1] 博雅人物网，中国人物，“广东省深圳市宝安区当代人物”专题，郑毓秀 .

[2] 宝言 . 郑毓秀：宝安的女儿——《来自中国的少女》《我的革命岁月》中译本序言，光明网，2020-03-05.

[3] “那年今日 | 缅怀中国第一位女博士郑毓秀”，新华网，2019-03-20.

『牺牲精神、造福人群』

——纪念中国近代妇幼卫生和助产教育的开拓者杨崇瑞博士

杨崇瑞（1891—1983），妇产科医师，医学教育家，中国近代妇幼卫生事业创始人，中国助产教育的开拓者。对发展中国的公共卫生妇幼保健事业及倡导、推行节制生育工作呕心沥血，勤奋耕耘了60年。她创办了中国第一所现代化的助产学校，培养和造就了一支为民族的健康而奋斗的妇幼保健队伍。

19 世纪 20 年代，中国的婴儿死亡率、孕产妇死亡率分别高达 20% 和 1.5%，到 80 年代已分别降至 5.11% 和 0.02%。这一骄人成绩的取得，离不开中国近代妇幼保健和助产教育事业的开拓者杨崇瑞博士 60 余年的呕心沥血和辛勤耕耘。她一生爱岗敬业，育人无数，无私奉献，用实际行动践行了“牺牲精神、造福人群”的铮铮壮语，将海内外的毕生所学奉献给了中国的妇幼事业。

海外求知　杏林独秀

杨崇瑞，1891 年 9 月 6 日生于河北通县燕郊镇一个普通的农民家庭。1910 年以优异成绩毕业于北京贝满女中（现北京市第一六六中学），随后进入协和大学理化科（即医预科）学习，1912 年考入协和女子医学院，1917 年获得医学博士学位。在她的同班同学中，获得博士学位的仅有三人，她列第一。此后，她先后辗转山东、天津、北京等地从事救灾和临床医学工作，并利用工作之余深入农村调查了解妇幼卫生状况，获取了大量一手资料，为以后的妇幼卫生工作打下了坚实的基础。鉴于她的调研成果，协和医院在1925年将其选派到美国霍普金斯大学医学院进修。进修前，她曾到加拿大参观公共卫生及妇产科，被当时国际妇产科权威威廉教授誉为最优秀的两名学员之一。在海外进修期间，杨崇瑞勤奋学习，努力求知，先后考察了美国、英国、苏格兰、德国、法国、丹麦、奥地利等十几个国家的公共卫生及助产教育。在经过一系列的敏锐观察和深入思考之后，她恍然意识到公共卫生是一条相比医疗更能积极预防疫病和保障民族健康的捷径。她认为英国、荷兰、德国、法国采用受过严格训练的助产士处理分娩的做法具有参考价值，可在国内大力效仿。

1927年，杨崇瑞博士学成归国。邮轮到达上海，在接受时任上海《新闻报》特派记者采访时，她简洁地明确表示今后要为祖国的妇幼卫生及助产教育事业奋斗终生。此后，在她的引领下，会同协和医院的林巧稚教授、北京大学第一医院的严仁英教授等，共同开创了中国妇女保健事业的先河。

抱志归国　首创产校

鉴于当时中国较高的婴儿和孕产妇死亡率，在时任协和医学院公共卫生科主任兰安生博士的促使下，杨崇瑞下定决心要充分利用从国外所学的知识和经验，全身心投入到妇幼卫生工作中。回到协和医院后，杨崇瑞毅然离开从事了10年并卓有成绩的妇产科临床工作，转入当时不为一般人重视的公共卫生科，并矢志不渝将其毕生所学献给了祖国的妇幼卫生和助产教育事业。1928年，杨崇瑞在中华医学会第七次大会上报告“我国助产教育”，提及产科教育计划。她排除万难，在北平创办了我国第一个接生婆讲习所，共对360名接生婆进行了系统、严格的科学训练。自1929年起，她陆续创办了60所助产学校。1930 年，她拟定《助产士管理法》，从此新式接生方法逐渐得到推广，成为我国妇婴保健史上的一项重大改革与进展。

在杨崇瑞的坚持和努力下，国民政府卫生部和教育部于 1929 年 1 月正式批准，由杨崇瑞主持创办中国第一所示范性的国立第一助产学校（今东城区妇幼保健院，原名东四妇产医院），以培养护士助产术。她亲任院长，树德育人，主持校务，并立校训“牺牲精神、造福人群”。在首创产校成立前后，杨崇瑞先后撰写了《妇产科学》《妇幼卫生学》《妇幼卫生工作纲要》等，均由国家级出版社出版。此外，她勇敢地制订了为旧式产婆学习无菌操作的特殊教程，并想方设法在农村设立学生实习基地，多次不顾舟车劳顿，前往农村行医救人，赢得百姓广泛赞誉。同时，为培养助产学校的师资力量，特别另设助产士师资训练班。为编纂前所未有的助产教材，该校陆续聘请了有多年教学和临床经验的医学名流任课，包括公共卫生专家李廷安、左吉、张维、朱章赓、严镜清，妇产科专家李士伟、林巧稚，儿科专家诸福棠、沈骥英，防疫专家容残荣，社会学家张鸿钧等 20 多人。并以其讲稿汇集成册，经学校教务会议修改、补充、审定并经讲课人同意后编辑成教材，为各省、市相继举办的助产学校提供了教材蓝本。此外，在杨崇瑞的奔波下，1929—1931 年，在美国洛克菲勒基金会的资助下还保送了协和医院护士专科毕业的章斐成等 8 人赴欧美助产学校进修一年，学成后全部留校任教。由于杨崇瑞领导有方，招收的学生质量高，学校办得生机勃勃，当时被誉为“北平八大学府之一”。对此，冯玉祥曾大加赞赏道：“她的功劳真不小，不是图吃和图穿，图的是树人强种大事业，图的是百年大计，造育英才。”

1933年，杨崇瑞又创办了南京中央助产学校，同样亲任校长。此外，她还协助各省、市立、私立助产学校54所提高教学水平，造就了一支为民族健康而奋斗的妇幼保健队伍，使得新生儿和孕产妇的死亡率急速下降。之后左奇、严仁英、杨葆俊等专家在她首创的产院担任院长，继续将"牺牲精神、造福人群"的校训精神发扬光大。而第一助产学校的历届毕业生们，更是秉持校训，以百折不挠的精神在全国各地开展妇幼卫生工作，积极宣传和推广科学的新法接生，大部分人后来相继担任了各地医院院长、护校校长、科主任等领导工作，成为新中国妇幼卫生事业的骨干力量，为中国妇女儿童的生命健康提供了质的保障。

抗日救国　享誉国际

1937年年初，杨崇瑞受聘为国际联盟妇婴卫生组专家，奉派考察欧亚各国妇婴卫生状况及助产教育。七七事变时，正在日内瓦工作的杨崇瑞得知消息后焦灼万分，急奔回国，直接抵达武汉，参加了中国红十字医疗队，投身于抗战救护工作，并立即成立了国立第一助产学校分校，后迁至重庆歌乐山。抗日战争转入持久战后，她在贵阳、重庆、成都、兰州等地引导组织开办妇幼卫生机构，并兼任贵阳医学院教授。1938年5月20日，杨崇瑞还应邀参加了在庐山举办的全国妇女抗战救亡统一战线会议。1939年，在重庆帮助筹划儿童保育院医药方面事宜，又在成都筹组三所保婴事务所。由于日夜操劳，不幸于1939年年底患伤寒。1941年6月，杨崇瑞再次赴美，进入妇产科进修。她一边检查医治疾病，一边考察妇婴卫生，虽身在海外，但时刻心系祖国。珍珠港事件后，1942年，杨崇瑞才得以回国，随后在抗战大后方坚持不懈开展妇婴卫生工作，付出了极大的心血。她不仅积极投入到筹划成立西北地区妇婴保健所的紧张工作中，还初次在乡间开办小产院，并短期内相继在四川璧山县和遂宁县筹组妇婴保健所。杨崇瑞认为，做好妇婴工作也是增强国防力量，争取抗日战争胜利的一项重要措施。

为开展解放区的妇幼工作，杨崇瑞把自己编写的《妇婴卫生学》等材料托人秘密送到解放区，成为解放区不可多得的卫生教材。时任新四军卫生部长的沈其震同志高度重视此项工作，着手对淮北地区妇救会的女同志展开新法接生技术和喂养婴幼儿知识的培训，服务于本地区广大农村孕产妇及部队的孕产妇，大大降低了因产褥热及新生儿破伤风导致的死亡率。

抗日救国期间，杨崇瑞的足迹遍布除东北外的其他各省、市。所到之处，她都积极与省、市卫生部门的负责人商洽发展助产学校及发展妇幼保健机构等问题。此外，为收容伤病员，她还去过河南鸡公山，为筹设有2000张病床的医院而四处奔走。抗战胜利后，1946年1月，杨崇瑞回到阔别8年的北平，着手恢复京沪平津等市妇幼卫生工作，并接管恢复国立第一助产学校。

杨崇瑞在实践中身先士卒，独身奋斗，严谨治学，开创了近代中国妇幼和助产教育事业。同时，她不断总结留学国外所学所见的先进知识和经验，用理论指导妇幼工作，发表了大量具有实践指导意义的著作，其工作成绩获得了国内外同人的广泛认可。1948年10月，杨崇瑞被聘为联合国世界卫生组织妇婴卫生组副组长。

报效祖国　奋斗不渝

1949年中华人民共和国成立，杨崇瑞满怀爱国热忱，谢绝朋友们的挽留，毅然放弃了优厚的待遇和世界卫生组织的要职，历经千难万险，于1949年11

月初辗转返回祖国，并在北京受到毛主席、周总理的亲切接见。

1950 年 8 月 20 日，杨崇瑞出任新中国卫生部第一任妇幼卫生局局长。她受命于开国之时，百废待兴、百业待举。任职后，她便全身心投入到新中国社会主义妇幼卫生事业中，亲自主持召开了全国妇幼卫生工作座谈会，确定了在全国范围内以推广新法接生和新法育儿为首要任务。同时，主持制订了全国性的宏伟的妇幼卫生工作计划。她说："旧社会办不到的事，新中国能办到。"根据她的建议，全国建立了中央妇幼保健实验院、儿童卫生研究所，举办了全国妇幼卫生行政干部训练班、保育干部训练班等。新中国的妇幼卫生队从无到有，先后在全国各省、市、自治区迅速发展起来。此外，还在全国范围内建立起了妇幼卫生保健网，成立了省有妇幼保健院、专区有妇幼保健所、县有妇幼保健站的三级保健网，实现了她多年以来的夙愿。

在党的坚强领导和包括杨崇瑞在内诸多专家提出的科学指导方针下，全国妇幼卫生工作有序开展，新中国成立初期短短几年成绩斐然，使得危害我国妇女和儿童最严重的产妇产褥热和新生儿破伤风的患病率大幅下降，成为新中国妇幼卫生工作中一面光辉的旗帜，同时代代相传。

进入晚年后，杨崇瑞仍奋斗不渝，十分重视自身的学习。她一生热爱祖国，热爱人民，热爱中国共产党，热爱社会主义。作为全国政协委员，她充分结合自身的专业优势积极参政议政，提出了高质量地发展中国助产教育的提案。同时，她不顾年迈，利用自己在国际社会的影响力，努力做好民间外交工作，热情宣传我国妇幼卫生事业工作取得的伟大成就。她心里装着中国的儿童，自己却一无所求。曾有记者问她为什么不结婚，她说："我和妇幼卫生事业结了婚，全中国的孩子都是我的孩子。"

后人缅怀　精神永存

被誉为“中国围产保健之母”的严仁英教授，曾在恩师林巧稚的安排下就职于国立第一助产学校。她工作时就十分敬佩杨崇瑞院长改造旧接生婆、培养助产人员，使全国孕产妇和新生儿死亡率大大降低的创举。在老前辈杨崇瑞博士的感召下，严仁英悟出了“医疗只能救治一个人，而预防则可以造福一大群”的道理。由此，她下定决心从临床转到保健，并以此理念创建了“北京大学妇儿保健中心”。同时，杨崇瑞“牺牲精神、造福人群”的育人目标和个人行为准则，更是深深感染了她。还有一位传奇女红军左奇教授，也深受杨崇瑞的影响。左奇 1932 年毕业于国立第一助产学校后，长年从事妇幼保健和医疗卫生事业，后创建了北京医科大学第三医院。

1991 年 9 月 6 日，杨崇瑞博士诞辰 100 周年纪念大会在人民大会堂隆重举行。全国人大常委会副委员长陈慕华、雷洁琼，卫生部部长陈敏章出席会议。会上，各方高度评价了杨崇瑞一生的光辉业绩，指出杨崇瑞博士是我国著名妇产科专家、教育家，是开创我国现代妇幼卫生事业的先驱。她创办的我国第一所助产学校的校训——“牺牲精神、造福人群”，真实地反映了她一生对祖国和人民的无限忠诚，以及为创建和发展我国妇幼卫生事业而作出的无私奉献。同时，联合国儿童基金会执行主任詹姆斯 · 格兰特也对杨崇瑞博士做出了高度评价，认为玛丽安 · 杨博士在半个世纪前的思想和具体行动深深地影响着儿童基金会和世界卫生组织。40 多年来的工作，千百万儿童生存下来莫不与此相关。尤其重要的是，从 20 世纪二三十年代，她帮助建立了初级卫生保健的基本原则，这些基本原则从五六十年代首先在中国的群众之中使用，又于 1978 年世界卫生组织和儿童基金会在阿拉木图召开的“通过初级卫生保健达到人人健康”的会议上得到了认可。

杨崇瑞博士是广大女性留学人员的优秀榜样！她身居要职，却一生低调，生活十分简朴，把海内外毕生所学都献给了祖国的妇幼保健事业。1983 年 7 月 20 日逝世后，她的亲属根据她的遗嘱，把她一生积攒的 6.9 万元人民币和书籍杂志全部捐赠给国家。她和被誉为“万婴之母”的林巧稚博士一样，一生追求“母婴万岁”，二人都是终身未嫁，但把全部的爱献给了数不清的下一代。“杨崇瑞之泽被妇孺”正是后人对她一生成就最真实的评价！

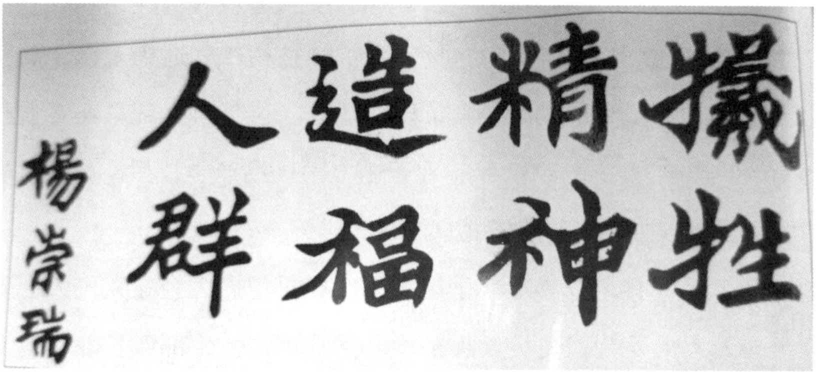

岁月如河，生命如舸，奔流激荡，生生不息。如今，“牺牲精神、造福人群”的校训仍旧屹立在 1929 年杨崇瑞博士创立的“国立第一助产学校及附设产院”（今东城区妇幼保健院）内。1989 年 3 月 10 日，成立杨崇瑞基金会，设立杨崇瑞奖金。2005 年，中国医学基金会在人民大会堂召开“杨崇瑞妇幼卫生奖励基金”第四次表彰大会，以表彰优秀妇幼卫生工作者和先进单位。杨崇瑞博士的精神激励着一代又一代医务工作者不忘初心，为中国妇幼保健事业继续奋斗，再创佳绩！

（特别感谢北京市东城区妇幼保健院党办和妇科主任苏秋梅为本文撰写提供的帮助！）

【参考文献】

[1] 左奇，严仁英 . 杨崇瑞博士——中国妇幼卫生事业的开拓者 [M]. 北京：北京医科大学出版社，2002.

[2] 沈铿 . 以人为本建设健康中国——回顾中国妇产科学发展历程 [J]. 健康中国观察，2019（12）：40-41.

[3] 陈敏章 . 纪念杨崇瑞博士诞辰 100 周年 [J]. 中国妇幼保健，1991（6）：1-2.

[4] 王瀛培 . “旧中国”经验与“新中国”道路 : 杨崇瑞和中国妇幼卫生理论与实践的起源 [J]. 妇女研究论丛, 2018（6）.

[5] 杨威 . 三河赋（二）[J]. 苍生文学，2013（2）：109.

[6] 郭晔旻，杨崇瑞 . “我和妇幼卫生事业结了婚”[J]. 同舟共进，2021（1）：31-34.

中国妇女的光辉典范——向警予

向警予（1895—1928），中国无产阶级革命家，中国早期妇女运动领导人。原名俊贤，湖南溆浦人。早年在家乡创办新式学堂。1919年参加新民学会。同年赴法国勤工俭学，1921年回国。1922年加入中国共产党。同年任上海平民女校教员。1924年兼任国民党上海执行部妇女部负责人。1925年5月任中共中央妇女部主任。曾领导上海女工进行罢工斗争。同年10月去莫斯科东方大学学习。1927年回国后，在中共汉口市委宣传部和市总工会宣传部工作，又任中共湖北省委党报《大江报》主笔、省委负责人之一。中共第四届中央局委员。在汉口因叛徒告密被捕遇害。2009年，被评为“100位为新中国成立作出突出贡献的英雄模范人物”之一。

爱国新女性

向警予出生在晚清风雨飘摇、中华民族内忧外患的年代。其父向瑞龄以经商为主，在家乡略有房产土地，是甲午战争后出现的新兴民族资本主义中下层代表。向瑞龄不满清政府的腐败和卖国，有一定的反帝反封建诉求，同情并支持孙中山的资产阶级民主革命。他更关注子女的教育问题，在他开明思想的引导下，向警予四位兄长都去日本留学。这对于向警予早年的成长有很大影响，她在 5 岁时就在父兄指导下开始认字，并在大哥支持下进入学校学习，成为县城里最早入校读书的女孩子。

向警予爱读书，传统思想中的爱国主义深深印在她的心中，《离骚》《木兰辞》等是她的最爱。年少的她常与小伙伴灯下夜读《木兰辞》，把“万里赴戎机，关山度若飞……将军百战死，壮士十年归”牢记在心中。她还得到留日并参加了同盟会的大哥的指点，大量阅读当时仁人志士办的爱国报刊，接受了启蒙思想，了解了国家命运和发生在其他国家的革命，如法国大革命。

辛亥革命后，16 岁的向警予考入常德女子师范，1912 年转学到长沙湖南省立第一女子师范。1914 年该校校长朱剑凡因思想进步、推动新学，被当时政府撤职，向警予和一些进步学生也愤而退学，转去朱校长创办的周南女校学习。在这里，向警予把向俊贤的名字改成了向警予。

周南女校是向警予的人生新起点，她在此继续勤奋读书、学习新思想，把探索救国救民之道放在心上。当时“教育救国”“科学救国”的思想对向警予很有影响。在校期间她很关注社会教育事业，考察参观了长沙的一些学校，对她的家乡溆浦偏远落后、教育不发达很有体会。1916 年从周南女校毕业后，向警予就满怀热情回乡筹办溆浦女校，招收女孩子入学学习文化知识，与轻视、束缚妇女的封建陋习作斗争，把女校变成宣传新思想、争取男女平等、妇女解放的重要阵地。向警予还动员在长沙读书时结识的一些进步女性来溆浦女校任教，同心协力把女校办得生机勃勃。

向警予在长沙周南女校时结识的同学中，有一批优秀的中国新女性。这些人后来有的成为被写入史册的新民学会的女会员，如劳君展、陶斯咏、熊叔彬、熊季光、吴家瑛等，其中几位都到溆浦助向警予办学一臂之力。值得一提的是，在周南女校结识的一位小女生蔡畅，以后她的一家与向警予一起留法勤工俭学，她的哥哥蔡和森还与向警予结成革命伴侣。

初识蔡和森

向警予和蔡和森相识在长沙。同为湖南人的蔡和森出生在上海，母亲很早就带他回老家湖南一个偏僻的山乡，独立谋生，生活很苦，但是蔡和森爱好读书，劳作中挤时间阅读找得到的各类书籍。他16岁才在家人帮助下读小学，但是他自学时养成的勤阅读、勤思考的良好习惯以及知识的积累帮助他成为好学生。

1911 年辛亥革命之后，蔡和森拥护孙中山先生的革命主张，并且在家乡第一个剪掉辫子。随后他到湖南省省会长沙报考当时深受辛亥革命影响的湖南省立第一师范学校。在这里他结识了青年毛泽东，开启了他们志同道合的革命友谊之路。

1915年9月，陈独秀主编的《新青年》杂志成为新文化运动兴起的标志，毛泽东、蔡和森、向警予都是《新青年》杂志的忠实读者，他们都满腔热情地投身到新文化运动中。向警予在一些文章中勇敢地提倡民主科学，要求思想解放、破除迷信，呼吁“革除积习，厥进不已”“顺机应变，因时制宜”“创未来之社会”，心系着祖国的前途与命运。

1918年，新文化运动已经在全国风行。毛泽东和蔡和森在长沙，于4月14日成立了五四运动前最早的革命团体之一新民学会，决心担负起救国救民、改造社会的责任。新民学会团结大批先进知识分子，为中国革命建设培养积聚力量。当时向警予在溆浦办女校，但是这个消息给她很大的鼓舞。特别是新民学会决定会员向外发展，要参加留法勤工俭学。此时向警予虽然不是新民学会会员，但是认同学会的决定，她决定辞去溆浦女校校长职务，以便继续深造，发展“真事业”。

1918年春，在北京大学任教的湖南籍教授杨昌济（杨开慧之父）写信给毛泽东和蔡和森，告知有人发起组织留法勤工俭学，希望他们能到北京联络。毛泽东提议派蔡和森去北京做联络组织工作。同年6月，蔡和森从长沙出发前往北京。此时向警予把溆浦女校工作安排好之后，也前往北京。在古都最美的秋天，她与蔡和森重逢了。

寻路法兰西

到北京后，经杨昌济教授介绍，蔡和森和向警予与留法勤工俭学发起人北京大学校长蔡元培、李石曾等见了面，向他们表达了湖南青年的要求，希望得到组织赴法的华法教育会的支持，同时也向在京的湖南人士求助筹划赴法经费。在此期间，由于要求赴法勤工俭学的湖南子弟较多，蔡元培、李石曾先生为他们在保定和高阳县设立留法预备班。蔡和森要兼顾设在高阳县布里村的留法预备班的组织管理，并学习法文和做工技能，也在预备班教授国文。在北京短暂停留，拜访蔡元培先生不仅给向警予留下深刻印象，也在蔡元培先生处留下向警予的一张名片，非常宝贵。蔡家后人把它捐给了国家。

1919 年除夕，蔡和森从高阳回到北京，与在北京大学图书馆工作的毛泽东及几位湖南籍同学团聚，筹划赴法勤工俭学事宜，向警予也在其中。蔡、向二人有机会深谈相互了解，在发展“真事业”的共同愿望上结下深厚友情。

不久，向警予回到湖南溆浦。这时北京五四运动的风暴席卷全国，蔡和森在北京参加了示威活动。向警予在溆浦也带领师生们上街示威游行，反对中国代表团在巴黎《凡尔赛和约》上签字，并且宣传抵制日货，得到当地民众的赞许、拥戴。

这年年初，留法勤工俭学运动有了很大进展，3 月起第一批经华法教育会买船票去法国的学生出发。蔡和森也从北京写信回湖南，动员母亲葛健豪和妹妹蔡畅一起到法国勤工俭学，目的在女界起示范作用。他特别要蔡畅通知向警予同他们一起赴法。7 月蔡和森回到长沙，积极推动留法勤工俭学。他的母亲葛健豪是一位年过半百的小脚妇女、早期中国女权活动的实践者，也勇敢地和子女们一起，在 1919 年 12 月 25 日登上“盎特莱蓬号”法国邮轮漂洋过海，开启旅法工读之旅。在漫长的海上航程中，向警予与爱慕的人蔡和森一同观日出日落，学习法语、探讨社会政治问题，共同的理想加深了彼此的了解和感情。他们一家与 90 余人于 1920 年 1 月 28 日抵达法兰西，包括向警予在内共有 6 位女性。几天后，向警予及蔡和森、蔡畅和母亲葛健豪等来到巴黎南部小城蒙塔尔纪学习法文。蔡和森等男性进入男子中学，向警予、蔡畅、葛健豪等女性进入女子中学。

在法国，向警予一边为求学求知刻苦学习法文，一边努力阅读马克思主义著作。在勤工过程中，向警予有了接触法国社会和法国工人阶级的机会，对资本主义的剥削本质及法国工人的革命传统有了深入了解，逐步树立共产主义信念。短短几个月，向警予对中国革命有了进一步的认识。1920 年 5 月 26 日，她在为李大钊主办的《少年中国》杂志撰写的《女子解放与改造的商榷》一文中，批判改良主义，指出“财产私有制”是“万恶之源”，并把妇女解放与社会改造联系起来。在此，向警予和蔡和森携手运用马克思主义指导中国留学生的革命方向。与此同时，向警予和蔡和森在蒙塔尔纪结为革命伴侣，二人一幅流传甚广的手捧《资本论》合影，见证了被称为“向蔡同盟”的问世。

1920 年 7 月 6 日—10 日，在法国的部分新民学会会员聚集蒙塔尔纪开会，即党史上著名的“蒙塔尼会议”。会议主题是“改造中国与世界”。蔡和森、向警予等在会上提出了组织共产党、建立无产阶级专政，明确主张用马克思主义指导中国革命，用苏俄革命方式改造中国与世界；尖锐地批判了无政府主义、改良主义。蔡和森、向警予把会议的不同意见写信告诉了毛泽东。同年 11 月，毛泽东的回信对他们的主张“表示深切的赞同”。正是在蒙塔尔纪，蔡和森成了被后人称为建党前第一个为“中国共产党”命名的人，向警予则是与他一起提出建立中国共产党的战友。后来毛泽东在延安接受美国记者斯诺采访时，回忆建党前后的历史，称赞向警予是“我党惟一的女创始人”。

永远的爱人

向警予与蔡和森、周恩来、陈毅、聂荣臻、邓小平等先进分子在法国努力学习革命的理论和经验，为进行中国革命、建立新中国寻找道路。他们在陌生的法国社会经历了生活、工作、学习之苦，也为争取自身权利、反对北洋军阀政府卖国行径进行了多次斗争。特别是1921年9月在法国的勤工俭学学生被拒绝进入中法双方建成的里昂中法大学之后，蔡和森、陈毅等领导了一场强行占领里昂中法大学的学生群众斗争。这一抗争事件导致104名勤工俭学生被遣送回国，包括蔡和森、陈毅等从9月22日在里昂被羁押起，于10月14日被押上法国轮船回国。

蔡和森的法兰西之旅结束了。11月，他在邮轮到达香港后上岸，转赴广州进行革命工作。他的妻子向警予有孕在身，不久也被迫回国。

1922年，向警予回国后加入中国共产党，在1922年夏天召开的中共二大上，蔡和森与陈独秀、李大钊等一起当选为中央委员。蔡和森开始在党内承担重要任务，负责创办、主编党的机关刊物《向导》周刊。向警予也被推选为中央候补委员，是中共历史上第一位女性领导人，出任新设立的妇女部部长，为党培养大批妇女干部。

1925年，向警予当选为党的第四届中央委员，在五卅惨案发生后，英勇地带领上海妇女参加这场反帝爱国斗争。1927年，继四一二反革命政变后，7月，武汉国民政府也发动了反革命政变。向警予正在武汉工作，冒着白色恐怖继续领导工人运动、宣传共产党的救国救民思想，置生死于度外。1928年3月，由于叛徒出卖，向警予被捕，遭到严刑逼供。她严守党的机密，大无畏地宣布："我为党的事业而死，无上光荣！"5月1日，向警予被押赴刑场，慷慨就义，年仅33岁。

得知向警予牺牲，蔡和森悲愤万分。虽然由于多种原因，1926年蔡和森与向警予分了手，但他们依然是亲密的革命战友。蔡和森写下悼念向警予的文章，痛心疾首地高呼："伟大的警予，英勇的警予，你没有死，你永远没有死。你不是和森个人的爱人，你是中国无产阶级永远的爱人！"1931年夏，蔡和森在香港被捕，引渡回广州被军阀杀害。

【参考文献】

[1] 郑名桢 . 留法勤工俭学运动 [M]. 太原：山西高校联合出版社，1994.

[2] 鲜于浩 . 留法勤工俭学运动史稿 [M]. 成都：巴蜀书社，1994.

[3] 吴霓 . 中国人留学史话 [M]. 北京：商务印书馆，1997.

[4] 河北省爱国主义教育基地资料丛书编委会 . 留法勤工俭学运动纪念馆 [M]. 石家庄：河北人民出版社，1996.

第二章

千难万险 报效祖国

第一节　1949 年前及新中国成立初期从欧美回来的一代

千难万险　报效祖国
——记新中国成立前后归国的留学人员

正如欧美同学会建会历史所显示的那样，民国初年那些为振兴中华、求索国富民强道路的清末出国留学的先行者陆续回国，努力实现他们教育救国、科技救国、实业救国的梦想。尽管国内外政局动荡，他们依然认真办学、派遣新一代出国求学，也出现过热血燃烧的留法勤工俭学运动，以及涌现一批转向苏联留学的国共两党人员，一些继续赴美、日等其他国家留学的学子。然而，由于军阀混战、国民军北伐、蒋介石背叛孙中山致国共分裂、日本入侵致抗战十四年、两次世界大战间经济危机、第二次世界大战后国内战争等，中国的教育事业、留学归国事业在艰难前行。从 20 世纪 30 年代初到蒋介石政府垮台，留学教育事业的特点是官派的留学人员数字起伏不定，如 1937 年抗战全面爆发后人数大减，第二次世界大战结束后留学人员回归祖国人数大增。

1929 年以后，继清华大学利用庚子赔款派遣学生赴美留学之后，除了各省、市有公费生留学考试之外，国民政府也利用各国退还的部分庚款派学生出国留学，并定期举行公费留学考试，选派往美、英、日、比、法等国。据统计，清华大学庚款派出举办6届考试，录取132人；中英庚款考试8次，录取177人。1932—1936年，国民政府派遣留学生人数稳定增长，5年内共派出四千余名留学生。

这个时期，国民政府的留学政策也较民国初年鲜明：注重自然科学与应用科学，要求各省每次选派的留学生学习理、工、农、医的至少应占全额十分之七，理工农医类自费生可优先给予公费补贴。试行留学证书办法：公费生应有大专以上学历，并经过考试审查录取；自费生至少是高中毕业生；留学文科学生经过考试证明合格，才能发放留学证书。应该说，这样要求在一定程度上保证了这个时期为国家培养留学生的质量。这个时期落实男女教育平等的政策，有利于促进女子留学的发展。如留英的著名女作家杨绛、留美的物理学家吴健雄、留德学化学的浦洁修、留德的物理学家何泽慧、留德的流体力学家陆士嘉、留英的张素我（张治中之长女）等，都是这个时期留学欧美的突出代表。

但是在女子留学开始发展时，1937年国内全面抗战爆发影响到留学生工作。一方面，各国的留学生纷纷回国，抗战前夕，留学欧美的中国学生约四千余人，到1938年5月回国人数几近一半；另一方面，受战时国内外形势影响，派出也有困难，1938—1941年每年公费与自费留学生不足百人。这期间从各国返回祖国人员不畏艰险，或中断学业，或学成即回，大多投身抗日救国运动。上述几位知名女留学生也是在这个时期毅然回国的代表。

除了留学欧美国家外，中国留日学生不仅去得早、人数多，也特别复杂，前面已经有清末民初的情况介绍。1931年九一八事变，日本发动了十四年对华侵略战争，抗日救亡成为中国留日学人的主旋律。抗战前夕，留日学生达六千余名，1931年10月底有两千多人从日本辍学毅然回国；1937年7月7日卢沟桥事变爆发后不到两个月时间，近四千名留日学子回国，共赴国难。其中，知名女性有作家颜一烟、演员王莹、作家萧红等。1937—1938年，国民政府举办了留日归国学生训练班，为抗日战场输送了大批政治干部。1938—1945年，中日断绝邦交，再不派遣官费留学生。1946—1976年是留日的低潮和萧条期。

自1942年起国际形势稍微好转，国民政府继续制定留学教育方案，拟通过自费或公费考试实施计划。1944—1947年，通过有关国家，特别是欧美恢复文化交流，提供奖学金或其他资助，派遣留学或实习人员渐多，战后留学人数较多的是美国。1946年7月举行了战后首次，也是国民政府最后一次公费留学考试，同时举办第二次自费考试。国民政府即将崩溃，在内战中，也只有少数取得外国学校录取证明和备有外汇者出国。1948年，北平中法大学寄往法国里昂中法大学当年7名留学生推荐名单，被留存在里昂的档案中，成为最后一批未能成行的派遣人员的证据。

为了迎接新中国成立，1948年8月，中共中央批准由东北局选派的21名青年前往苏联留学，学习科学技术，肩负学成归来建设祖国的光荣使命。其中有4名女性留学人员，她们是罗镇涛（罗炳辉之女）、项苏云（项英之女）、任岳（任卓明侄女）和叶楚梅（叶剑英之女）。

随着国民党节节败退、共产党逐步取得全国胜利，特别是1948年人民解放军三大战役的胜利，新中国即将诞生，大大鼓舞听到祖国召唤的海外学子。1949年夏，留法前辈周恩来又发出号召，邀请在海外的留学人员回国建设新中国。在新中国成立前后的几年里，一场排除万难坚持从欧美国家回国效力的归国潮带回来一大批海外赤子，他们成为受西方国家围堵的新中国建设的重要支柱。他们中有不少著名女性留学人员，如新中国成立前夕，留德的物理学家何泽慧和丈夫钱三强、留美的物理学家何怡贞及丈夫葛庭燧、留美的著名妇产科医生严仁英和丈夫王光超医生等。1951年留美的著名妇产科医生张丽珠克服重重困难回到祖国，1952年留美的物理学家谢希德几经周折绕道英国才回到祖国。还有留美化学家高小霞、留英物理学家李林（李四光之女）等，都是经过千难万险或绕道或滞留几年才回到祖国。当时在日本讲学的文学家冰心和丈夫吴文藻也几经辗转于 1951 年才秘密回到祖国。1956 年与丈夫张文裕一起回国的核物理学家王承书，从 1949 年起就坚持安排回国，把重要的资料分成三百多个邮包先行陆续寄回北京。

新中国成立初期这股归国热潮，大体从 1949 年持续到 1957 年春，回国人数有三千余人，其中女留学人员数量不少。这些留学归国人员淡泊名利、团结奋进，为社会主义建设、科学技术进步贡献自己的才智，并为培养共和国的高端人才呕心沥血。他（她）们的不朽功勋铭刻在中国的现代化、国际化进程中。

在这批早期归国的留学人员中，不少人加入了欧美同学会，其中雷洁琼、冰心等担任过欧美同学会的名誉副会长。还有其他知名女性，如留美艺术教育家常沙娜、留美新闻工作者陈秀霞、留美歌唱家邹德华姐妹等。她们的回国之路也充满曲折艰辛。据陈秀霞回忆，第二次世界大战后赴美的学子中大多期待回祖国效力，1948 年就开始成立一些留学生团体，宣传组织回国运动，1949 年新中国成立鼓励他们冲破美国各种阻力回到祖国怀抱。1950 年年底回到祖国的常沙娜那时很年轻，学业没有结束就毅然排除万难，随同众多进步同学一起乘船回到祖国。陈秀霞及常沙娜都在做好本职工作之余，担任过欧美同学会副会长和留美分会负责人，也是热心支持妇委会工作的表率。

【参考文献】

[1] 杨之岭，等 . 中国高等教育 [M]. 北京：北京师范大学出版社，1988.
[2] 李长发，高广温 . 中国留学史萃 [M]. 北京：中国友谊出版公司，1992.
[3] 欧美同学会 . 志在振兴中华：欧美同学会 90 周年 [M]. 北京：华夏出版社，2003.

[4] 常沙娜 . 黄沙与蓝天：常沙娜人生回忆 [M]. 北京：清华大学出版社，2013.
[5] 欧美同学会 · 中国留学人员联谊会 . 欧美同学会简史 1913—2013[M]. 北京：华文出版社，2014.

『慧眼』在群星中闪耀

——记中科院学部委员何泽慧

何泽慧（1914—2011），中国核物理、高能物理与高能天体物理学的奠基人之一。出生于江苏苏州。1936年毕业于清华大学。留学德国，1940年获德国柏林高等工业大学工程博士学位。1946—1948年在法国的法兰西学院原子核化学实验室工作，在约里奥-居里夫妇的指导下，与钱三强一起发现并研究了铀的三分裂和四分裂现象。1948年，她同丈夫钱三强一起回到祖国，参加北平研究院原子学研究所的组建。新中国成立后，她全身心地投入中科院近代物理研究所（1953年改称物理研究所）的创建工作。1973年，中科院高能物理研究所成立后，何泽慧担任副所长，是高能物理研究所研究员，积极推动宇宙线超高能物理和高能天体物理研究的开展。1980年，她当选中科院学部委员（院士）。中国人民政治协商会议第五、六、七届全国委员，曾任空间科学学会常务理事。

江南水乡升起的一颗“靓”星

1913 年，山西灵石声名显赫的何家十五世孙何澄在江苏苏州的十全街建造私宅，取名“两渡书屋”。1914 年 3 月 5 日，何泽慧出生在这座古典的苏州园林式大宅院中，著名的苏州网师园便曾是她家私宅。母亲王季山是物理学翻译家。外祖母王谢长达是清末妇女运动领袖，1906 年创办了著名的“振华女校”，何泽慧的小学、中学就是在那里度过的，外祖母“科学治国”的思想也深深植根于她的心中。

何泽慧自幼机灵敏捷，酷爱读书，成绩优异。她十分聪颖，虽用功勤奋，却也该玩儿就玩儿，考试成绩总是第一。她的作文、书法、绘画作品时常刊登于《振华校刊》。她集学科成绩好、艺术好，体育好于一身，还是学校排球队运动员。至今母校的摩崖石刻上的级训“仁慈敏明”还出自何泽慧的篆书。1932 年，何泽慧高中毕业，与同学前往上海考大学。临行前，父亲与她开玩笑说：“考上大学就去上，考不上就当丫鬟。”

何泽慧在上海分别参加了浙江大学与清华大学的招生考试。她的第一志愿报的是浙大，第二志愿是清华。没想到，抱着“考不上就去做小保姆”的念头，何泽慧竟然考了个女状元，收到两所大学的录取通知书。何泽慧最终选择了清华大学物理系。她后来回忆："考浙江大学的人有 800 多，我报考的是物理学系，他们取的只有我一个女生，你说我的运气好不好？清华大学人多而且特多，一共有近 3000 人，清华的希望小得不得了！"然而，就是她最不抱希望的清华，也被她考中了，总共录取 28 人，她是其中之一。时任清华大学物理系主任的叶企孙认为物理不适合女生，特别是清华的物理系，要求女生转系。何泽慧与叶企孙据理力争，为何女生不能学物理？为何女生学不好物理？她最终赢得了就读清华物理系的资格，承受了清华格外繁重的学习压力，1936 年，何泽慧以第一名的优异成绩毕业。同期顺利毕业的只有 10 人，第二名就是后来成为她丈夫的钱三强。与他们同期毕业的同窗好友于光远，那时就称钱三强与何泽慧是郎才女貌天生的一对。

毕业以后的何泽慧想到"军工署"工作，却因为是女性而碰了壁。她得知山西省可以给公立学校毕业的学生提供三年的出国留学费用，由于她祖籍山西，因而得到了这个公费留学的机会。在国外众多名校中，她最心仪的是德国柏林高等工业大学，尤其是那所学校的弹道专业。

1936 年，何泽慧与钱三强两位清华大学的高才生选择了不同的求学道路：何泽慧去了德国，钱三强则考到法国巴黎大学居里实验室，跟随居里夫人学习。其后，两人都成为国际顶尖科学领域中的翘楚。

实验弹道学专业领域中的一颗"救国准星"

何泽慧的父亲何澄，早年追随孙中山革命，是中国同盟会会员，山西剪辫子第一人，也是山西第一位前往日本的留学生。何澄非常重视对子女的教育。何泽慧的 8 个兄弟姐妹中，有 4 位著名的物理学家、一位植物学家、一位医学家。1931 年九一八事变爆发，日本侵略者的铁蹄践踏了大半个中国。何澄命 5 个儿子全部放下手头的工作与学业，前往大后方支援抗战。

正是在全国抗日爱国热忱的感召下，在父亲的教育和影响下，救亡图存、科学救国成为青年学子何泽慧的终生使命。为了学习抗日救国的本领，何泽慧到德国柏林高等工业大学技术物理系攻读博士学位，她毅然选择“实验弹道学”的专业方向。历经千辛万苦到达德国之后，何泽慧却被告知，由于这所学校的弹道专业涉及一些军事技术机密，从来就没有收外国学生的先例。何泽慧不服输的劲头又来了，她找到了系主任克兰兹。她对老师说：“您能够到我们中国去，我为什么就不能到这里来学习？”她还告诉老师日本正在侵略中国，她就想学习物理报效国家。这一次，何泽慧又赢了。从此，德国柏林高等工业大学技术物理系破例第一次收下了外国留学生，而且是弹道学专业招收的第一名女生。1940 年，何泽慧完成了她的毕业论文《一种新的简便测量子弹飞行速度的方法》，并顺利拿到了博士学位。

由于第二次世界大战爆发，德国又是战争的策源地，迟滞了何泽慧回国的脚步。何泽慧滞留在德国，开启了她科学救国的征程。

核物理学界的一颗东方之“星”

为了更多地掌握对国家有用的先进科学技术，何泽慧于 1940 年进入柏林西门子工厂弱电流实验室参加磁性材料的研究工作。1943 年，她到德国海德堡威廉皇家学院核物理研究所工作，也开始与老同学钱三强书信往来。这个时期的何泽慧已经表现出严谨求实的学风，思想上很活跃和开放。她尊重客观事实，善于从实验现象中捕捉问题，有所发现和创新，在玻特教授指导下从事当时已初露应用前景的原子核物理研究，她首先观测到正负电子碰撞现象，并研究了正负电子几乎全部交换能量的弹性碰撞。

1945 年 6 月，何泽慧凭借对科研敏锐的嗅觉，将一张观察到的正负电子奇特弹性碰撞的径迹照片和测量结果寄给正在英国布列斯托尔大学学习的钱三强。其时，钱三强在获得巴黎大学博士学位后已经升任法国国家科学研究中心研究员，并参加英法科学合作项目，作为法国代表正在英国布里斯托尔大学等实验室学习。恰逢英法宇宙线会议在那里召开，钱三强将何泽慧的发现与测量结果进行报告，意外引起了与会者的热烈反响和好评。

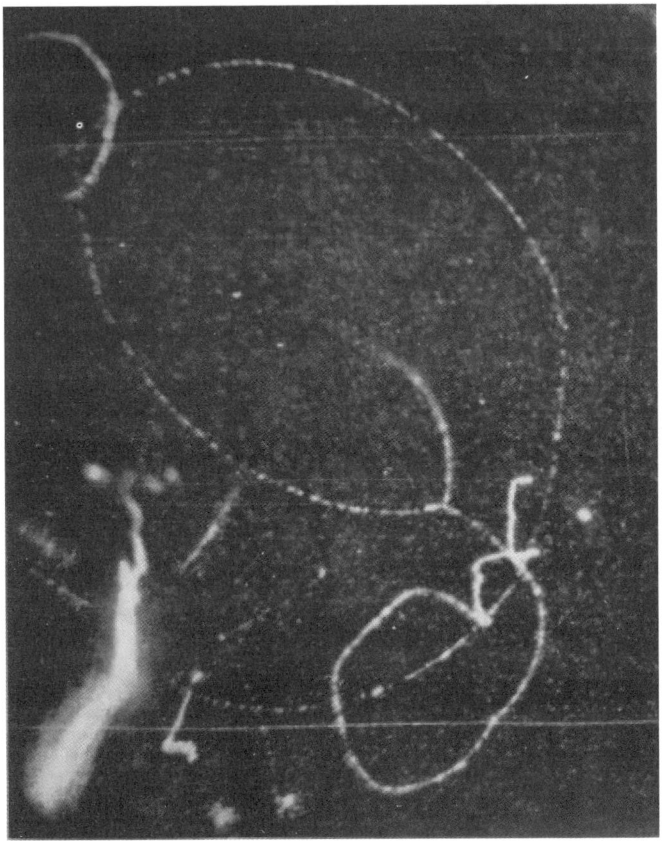

何泽慧拍摄的正负电子弹性碰撞的照片，由钱三强在英国展示

此后，何泽慧又把相关实验观察成果在英国剑桥举行的国际基本粒子与低温会议上做学术报告，引起与会者的很大兴趣，并被英国《自然》杂志载文介绍，称之为“科学珍闻”。

战争中的鸿雁传书，只能有 25 个字，而且信封是开放的。然而就在他们各自的“25 个字”中表达了相互的信任、牵挂、对爱情的忠诚和对共同事业的追求。1946 年，第二次世界大战结束后的第一个春天，何泽慧从德国来到法国巴黎，和钱三强结婚。他们简朴而隆重的婚礼，得到了约里奥 · 居里夫妇两位科学大师的祝福。从此他们一起在约里奥 · 居里夫妇领导的法兰西学院原子核化学实验室和居里实验室工作，共同开启了辉煌的科学生涯。

他们合作发现了铀核裂变的新方式——三分裂和四分裂现象。1947 年年初，他们正式发表论文，证实了铀核三分裂、四分裂现象的存在。因为何泽慧首先发现铀核“三分裂”现象，并首先捕捉到世界上第一例四分裂径迹，在国际科学界引起很大反响。法国物理学家约里奥 · 居里称“这是第二次世界大战以后物理学上的一项有意义的工作”，何泽慧也因此被称为“中国的居里夫人”。以此为开端而引发的一系列研究及其成果，深化了人们对于裂变现象的认识。三分裂现象作为研究裂变过程中断裂点特性的一种独特的探针，至今仍然是裂变物理领域有兴趣的研究对象。

冉冉升起在新中国的天际线上

1948 年夏，何泽慧与丈夫钱三强带着刚出生七个月的大女儿一起满怀爱国热忱历尽艰辛回国，参加北平研究院原子学研究所的组建，共同从事核物理研究工作，在此，迎接新中国的诞生。北平研究院原子学研究所被中国科学院接收，1950 年 5 月重组为近代物理研究所。从此，钱三强更多投入到了科学组织管理的工作；而何泽慧始终未脱离科研第一线，将他们的研究工作延续了下去。

面对几近白手起家的境况，何泽慧等科研人员必须从基本的探测技术开始研制。由于当时资金短缺，为了置办实验仪器，他们常常大街小巷跑旧货摊淘元件，自己动手制作仪器。何泽慧曾说："那时候什么仪器也没有，连一个钳子都要现买。我觉得倒挺有趣的，自己动手来解决问题，觉得好像也没什么能难倒我的。""我们早知道国内的情形，回来并不是来享受的，而是来吃苦的。"

不久，研究所划分为四个大组，何泽慧负责原子核物理组，重要的一项工作就是制备核乳胶。原子核物理的发展与探测技术关系密切，1945 年，英国学者研制成功一种性能大为改进的核乳胶，可以探测 α 粒子甚至质子，因此核乳胶是核物理研究的必备工具。当时国内根本没有照相制片工业基础，所以核乳胶的制备全部由何泽慧和助手们亲自动手完成。几位物理学家承担起了化学家的工作，边干边学，终于在 1956 年制成对质子、α 粒子及裂变碎片灵敏的原子核乳胶核 -2 和核 -3 乳胶。这项工作获得了 1956 年度中国科学院自然科学奖金。

为了探测不带电的中子，进行中子物理研究，何泽慧又领导研制了核 -2 载硼和核 -2 载锂乳胶，即分别加入含硼或含锂的溶液，利用它们与中子的反应产生带电的粒子进行探测。我国的这两种乳胶也有特点，硼、锂含量比国外的要高，保存时期也比较长。它们在中子物理实验，特别是在测量原子弹的点火中子源时发挥了作用。而进行粒子物理研究的基础就是当时对质子、电子灵敏的核乳胶研制的成功。何泽慧敏锐地指出"X 光底片实质上是电子灵敏"，这就为提高灵敏度问题指明了方向。1957 年，新型核乳胶可以记录电子径迹，经过反复改进，终于制成电子径迹更为明显的核 -5 乳胶，达到国外同类产品水平。

1958 年，中国第一台反应堆及回旋加速器建成后，何泽慧在相当长的时期里全面负责领导了物理研究所（后为原子能研究所）中子物理研究室的工作，她担任中子物理研究室主任，为开拓新中国中子物理与裂变物理实验领域并配合核武器研制作出了重要贡献。何泽慧领导创建了基本实验条件，并利用建立起来的实验条件，领导完成了一系列基础核数据的测量工作。她还看准快中子谱学的国际发展趋势，不失时机安排力量开展研究，使中国快中子实验工作很快达到当时的国际水平。

何泽慧常挂在嘴边的一句话是："对国家有益的，我就做。"1973 年，中科院高能物理研究所成立，何泽慧担任副所长，积极推动宇宙线超高能物理和高能天体物理研究的开展。为了尽快提高我国的科研水平，她主张开展交叉学科的研究，发展新的生长点。她提出，在我国还没有加速器的条件下，利用核物理的知识和技术，以宇宙天体为实验场地，以科学高空气球及高山站等为手段，推动宇宙线超高能物理及高能天体物理的研究起步和发展。在她的倡导与扶持下，高能物理研究所原宇宙线研究室通过国内、国际合作，在西藏岗巴拉山建成世界上海拔最高的（5500 米）高山乳胶室，使中国成为当时少数几个能生产核乳胶的国家之一，推动了中国高能天体物理的研究工作。还从无到有、从小到大地发展了高空科学气球、高山宇宙线观察站并相应发展了空间硬 X 射线探测技术及其他配套技术。

1980 年，何泽慧当选为中科院数学物理学学部委员（院士）。她是中国人民政治协商会议第五、六、七届全国委员，空间科学学会原常务理事。耄耋之年，她仍然坚持全天上班，关心中国高能物理和核物理事业的发展。直到 2000 年，每周还要坚持几次到高能所上班。"春光明媚日初起，背着书包上班去。尊询大娘年几许，九十高龄有童趣。"这是 2004 年何泽慧 90 大寿时，她的老同学、中国光学之父王大珩为她写的诗。

奔向星辰大海

何泽慧一生痴迷科学，无论是在逆境还是晚年，都不曾放弃对于科学的追寻。“文化大革命”时期，何泽慧下放到干校劳动。她曾记录下她的所见所感：“我们所处的‘高庄’，无高楼大厦，无树无木，晚上满天星星……这不就是一个大实验室嘛！”于是，何泽慧和钱三强自制设备观测彗星。粒子天体物理中心研究员宋黎明回忆：“这个观星设备，由一个自己做的三脚架和一个初中老师上课用的量角器组成，他们还画了草图。何先生还向我介绍了如何确定观测维度、观测时间，如何确定彗星的方向，如何进行数据处理，最后是他们的数据跟天文学年历的比较。”

何泽慧终生以“科学报国”为使命，在完成国家重大任务中，她发扬了主动服务、甘当配角的精神，从不计较个人得失，更置名利于度外。1994 年科学出版社出版《中国现代科学家传记》时，她坚决不同意为自己立传。故在此系列丛书第六集“物理学”部分，没有她的名字。她的传记出现在书的最后。编者不得不加了特别说明：“此篇传记虽早已约稿，但因何泽慧本人谦让不同意立传，后在本书编辑组一再要求和催促下，作者才着手撰写并于全书付印前交稿。因全书页码已定，不便插入相应学科，故补排在最后。特此说明。”

作为一位杰出的女科学家，何泽慧坚持严谨求实的学风，在科学实验中具有不放过任何一点儿异常迹象的探究精神以及对新现象作出正确分析和判断的本领。她曾经用“立足常规，着眼新奇”八个字精辟地总结了自己数十年科学研究实践的主要体会。

何泽慧一直从中国的科研实际出发，主张少花钱、多办事，反对过分追求“人员经费越多越好，设备越大越好”。中国科学院院士张焕乔曾在何泽慧领导下开展工作，他回忆说：“何先生总是鼓励我们年轻人要勇于进取和创新，不要迷信外国人，走自己的路，要在现实条件不足的情况下想办法做出高水平的工作。”而何泽慧的自我评价是，“经常做不合时宜的事”“讲不中听的话”。正是在她的培养下，一批年轻人很快地成为我国原子能事业的骨干，张焕乔、黄胜年、丁大钊等都成为院士。

在子女们心中，何泽慧性格中有两个特点，一是做事认真仔细，二是一生勤俭。钱思进说：“妈妈无论做什么事都非常认真，而且认准的事情就一做到底。”她在被下放到农村劳动时，被分配去敲钟。“即使是敲钟，她也像在实验室测算数据一样，一丝不苟，分秒不差，当时大家都根据她的钟声来对表。”“我妈这一辈子不讲吃、不讲穿、不讲住，从来不计较什么条件。”钱民协说：“她一直爱讲‘修旧利废’，从来不随便丢弃可用的物品。家里的冰箱用了二三十年，出了问题就自己修。藤椅、木椅上都能见到妈妈自己修理的痕迹。”“她的手非常巧：串糖葫芦的棍儿，可以做成精巧的掏耳勺；用旧牙刷柄自刻印章；用剩余的皮料自制钱包，爸爸一直都是用妈妈做的钱包。”

何泽慧个人生活极其简朴。她在任何场合都把自己放在普通人的地位上，平易谦虚，没有一点儿架子。她生前一向不愿意接受公开报道。在曾经与她有过难忘的接触时光的刘晓眼中，看到的是一位普通老太太——简单的发髻、朴素的着装，还有其异常简朴的生活，衣服袖口都磨烂了，就连喝过的牛奶袋也整齐地码放好。然而，何泽慧却与自己的几个兄弟姐妹一起正式签署协议：把父亲遗留的苏州网师园连同其中珍藏的所有宝物全数交给政府。这位大科学家还有一个传奇，她向世界宣布：见过“拉贝日记”和他保存的照片，以此捍卫中华民族的尊严。

1992 年 6 月 28 日，钱三强因心脏病逝世。1999 年 9 月，中共中央、国务院、中央军委授予钱三强“两弹一星”功勋奖章。这枚“功勋奖章”也闪烁着何泽慧为中国“两弹一星”的成功发射作出的无私奉献的光芒。1959 年，当我国决定自力更生研制原子弹之时，由钱三强推荐参加研制的人员，何泽慧却没能进入核武器研究的第一线。但她怀抱为原子能事业贡献力量的极大热忱，深入开展基础研究，训练人才队伍，成功研制了我国第一颗原子弹的点火中子源，之后，又重测了对于选择氢弹技术路线具有重要意义的关键数据。彭桓武曾回忆：“在氢弹的研制过程中，资料里有一个数据，我们觉得不大可靠，就让重测这个数据。平常的物理实验做一个要两三年，而我们搞氢弹剩下的时间只有一两年了，所以这个实验要求几个月做出来。何泽慧带领团队白天晚上做，几个月做出来了，证明原来的数据不对。这让核武器研究没有走弯路，没有走错误方向，这是很重要的一件事情。”钱三强去世后，何泽慧婉拒了国家为她另择新居、配置专车的安排。家里的布局依然保持着钱三强生前的样子，也许这就是她对钱三强最好的纪念方式。

从 2005 年起，时任国务院总理温家宝先后 6 次去看望何泽慧老人。温总理高度评价：“何先生在女科学家中是少有的，是人中麟凤。”“作为一个科学家的本色：朴素、真实、勤奋、诚实，讲真话。”

诺贝尔物理学奖得主李政道先生评价：何泽慧先生是中国原子能物理事业开创者之一，是中科院近代物理研究所的创建者之一。她以满腔的热忱领导开展中子物理与裂变物理的实验，她积极推动了祖国宇宙线超高能物理及高能天体物理研究的起步和发展。

2011 年 6 月 20 日 7 时 39 分，何泽慧院士在北京协和医院逝世，享年 97 岁。欧洲核子中心的《快报》期刊在2011年度最后一期刊登了长篇纪念文章，称很多女物理学家怀有抱负，只是没有人再像居里夫人那样获得世界声誉，从而较少为人所知，何泽慧就是其中之一。她热爱她的祖国和科学，并成为两者的象征。这是国际同行对何泽慧一生贡献和品质的总结。

为纪念推动中国高能天体物理发展的已故科学家何泽慧，中国首颗 X 射线天文卫星以“慧眼”命名。

“慧眼”带着何泽慧对祖国的赤诚、对科学的挚爱；载着她所开拓的新中国核物理事业的累累硕果；带着全中国人民对何泽慧这位满怀赤子之心为祖国无私奉献不求索取的杰出的核物理科学家的崇高敬意和深切缅怀奔向星辰大海。仰望星空，我们看到“慧眼”在浩瀚的星河中熠熠闪烁着永不熄灭的光辉。

【参考文献】

[1] 【科学向日葵】《在线课堂——科学家故事第八十四期：中国第一位女弹道学家——何泽慧》，“天津科学技术馆”微信公众号，2021-09-24.

[2]《清华 110 周年校庆 | 一张 80 多年前的毕业留影，走进三位物理学者》，原创：采集工程“中国科学家”微信公众号，2021-04-25.

[3]《中国的“居里夫妇”| 一张节日照片引发的爱情故事》，原创：采集工程“中国科学家”微信公众号，2022-02-22.

[4] 刘晓 . 她带领几个人的团队，完成了不亚于世界第一的研究 [M]// 郭晓雯，刘晓 . 何泽慧画传 . 北京：中国科学技术出版社，2022.

[5]《何泽慧先生二三事》，原创：柳袁照八子“柳袁照”微信公众号，2020-06-20.

[6]《揭秘丨赤诚藏于心　中国“居里夫人”何泽慧》，“厦门卫视”官方微博，2021-03-16.

[7]《何泽慧：童心不羁，不负科学与祖国》，原创：“中国核工业”微信公众号，2021-06-10.

黄沙蓝天　花开敦煌

——记著名美术家常沙娜

常沙娜，中国著名的艺术设计教育家和艺术设计家、教授、国家有突出贡献的专家。1931 年生于法国里昂，后随父母回国。自幼随父亲在敦煌临摹壁画。1948 年赴美国留学。后响应新中国号召回国效力，成为林徽因的弟子。在清华大学、中央美术学院任教。20 世纪 50 年代，参与了人民大会堂、民族文化宫等经典建筑设计。曾任第九届全国人民代表大会常务委员会委员，教科文卫专门委员会委员，全国妇联第五届执行委员，中央工艺美术学院院长，中国美术家协会副主席，国务院学术委员会学科评议组成员。2019 年获中国文联“终身成就美术家”荣誉称号。曾任欧美同学会副会长，任职期间关心妇女委员会工作，带头参加妇委会活动，出版自传式作品《黄沙蓝天》由欧美同学会妇委会首发。

法国童谣

2017 年 9 月下旬，在法国里昂举办第二届中法文化论坛“‘一带一路’：文明对话与融合”。一位优雅的白发老人在开幕式发言中忽然唱起了在场法国朋友熟悉的儿歌：“在阿维尼翁桥上，我们跳啊跳……”场上立马响起了齐唱声和掌声，气氛热烈而感人。唱歌的老人就是我们尊敬的常沙娜教授，在欧美同学会，她被大家亲切地称为常大姐或沙娜大姐。

这是沙娜大姐在 86 岁高龄之际重返出生地之旅。

常沙娜生于一个艺术之家，父母在 20 世纪 20 年代末远渡重洋负笈西行，获得法国里昂中法大学的奖学金，到里昂、巴黎学习艺术。父亲常书鸿后来以“敦煌守护神”闻名于世，母亲陈芝秀学习雕塑。一个幼小生命就孕育在里昂城。父亲常书鸿的两位好友，以后也是中国赫赫有名的美术家的吕斯百和王临乙与常书鸿夫妇商量好，孩子一定以里昂的两条河流命名，如果是男孩就以罗纳河（阳性）为名，女孩就以索纳河（阴性）为名。1931 年 3 月，一个小女孩诞生了，她的名字“沙娜”就是“索纳”演变而来。两位参与命名的艺术家此后成为沙娜的“吕爸爸”“王爸爸”。

不久，沙娜父母到巴黎深造，沙娜开始了在巴黎的童年生活。父母的巴黎美术专科学校、工作室，以及美丽的卢森堡公园都给沙娜留下深刻印象，托儿所生活更是几十年后都难忘。在这里，沙娜结识了不同肤色的小朋友，讲着纯正的法语，能够唱出几十年后依然感动她本人和听众的法国童谣。在巴黎，父母的许多艺术家朋友常聚在沙娜家，使她耳濡目染感受到特殊的艺术氛围。后来她在回忆录里依然不忘“浪漫之都巴黎，空气都渗透着艺术气息”。

那时沙娜的父亲崭露头角、才华横溢，屡屡获得金银奖项，受到法国艺术界重视。特别是在1934年常书鸿以全家三人为题材画出《画家家庭》，记录了在巴黎全家人安宁幸福的宝贵时光，为这个家留下不可多得的历史印记。这幅画获得巴黎春季沙龙银质奖，为常书鸿赢得更高声誉。只要他作为画家在巴黎继续发展，其前途显然是无量的。

常沙娜父亲常书鸿画作《画家家庭》
（1933年于巴黎，获1934年法国艺术科协会春季沙龙银奖）

千佛洞之梦

然而，生活并不一定遵循常规行进。就在1936年秋天的一天，常书鸿走过塞纳河畔的旧书摊，被一部他从未见过的古老的线装书吸引住，书名《敦煌石窟图录》。展现在常书鸿眼前的是一幅幅中国北魏到唐代的佛教艺术图录，精美绝伦，令他叹为观止！这部图录竟然是法国的汉学家、探险家伯希和1908年亲临中国的敦煌千佛洞拍下的，可作为炎黄子孙，常书鸿竟然对这个地方毫无所知。这次的偶遇，彻底改变了常书鸿及家人的命运。常书鸿惊醒过来，认识到祖国的古老文化才是他艺术创作的源泉，他决心离开巴黎回到祖国。

就这样，小沙娜6岁之时随母亲离开法国，与头一年已经回国的父亲会合。那时正是抗日战争时期，祖国灾难深重、战火纷飞。沙娜一辈子都非常理解："我父辈是非常爱国的，那时候不管多么困难，他们都要坚持回国。"

尽管战争中几经颠沛流离、条件艰苦，1943年，沙娜父亲还是把家搬到敦煌莫高窟。不久父母离异，12岁的沙娜不仅要照顾父亲和年幼的弟弟生活，而且在黄沙漫天的洞窟里，按照父亲的安排临摹壁画，接受了千年中国文化艺术的启蒙教育。沙娜回顾敦煌岁月对她人生、艺术创作的影响时，欣然意识到："我是幸运的，因为在我生命中遇到了敦煌，在那里的几年奠定了我的艺术根底，我一辈子都走不出敦煌的影响。"

当时生活条件艰苦，沙娜读书也因条件不时中断，无法正常上学。但是年少的沙娜喜欢放学或有空就跟着大人爬进"蜂房"般的千佛洞洞窟里临摹壁画，她的素描基本功就是从临摹壁画开始，绘画基础就在千佛洞打下。1946年，常书鸿先生在回重庆述职途中，把沙娜在千佛洞与大人们一起临摹的壁画和他本人在敦煌画的油画写生拿出二三十幅，在兰州双城门举办了一次"常书鸿父女画展"，轰动一时，非常成功。

抗战胜利以后，在敦煌的许多人都选择了离开，但是沙娜的父亲决定继续留下保护这些祖国最珍贵的文化遗产。他真正成为“敦煌守护神”。沙娜亲历了这个巨变的时代，理解父亲的决定。他们父女对千佛洞的感情深厚，这里留下了他们的汗水和梦想，生命都似乎与千佛洞珍贵的艺术瑰宝融合在一起。对于在兰州画展崭露头角的常沙娜来说，敦煌千佛洞正是她梦和事业开始的地方。

留学报国

也正是在兰州画展上，常沙娜偶遇一位改变她命运的贵人：加拿大籍犹太人叶丽华（Reva Esser）。她是新西兰友好人士路易 · 艾黎在甘肃山丹县的“培黎学校”请来的印染教师。那时正好路过兰州，参观了展览，也见到常书鸿、常沙娜父女。她非常喜欢这个 15 岁的女孩，为沙娜的绘画天才所惊讶，也感叹她的条件限制了眼光和发展，于是主动向常书鸿提出要把沙娜送到美国学习。两年多以后，这位女士果然兑现承诺，到敦煌找到常家父女，如约要把沙娜送往美国波士顿美术博物馆附属美术学院留学，并做常沙娜的监护人。经过反复考虑，也征求了挚友吕斯百等的意见，常书鸿同意沙娜赴美学习。

1948 年 10 月初，常沙娜到达波士顿，开始在异国他乡的留学生活。在美国她接触到与从小学习的中国传统文化不相同的西方文化，打开了她认识世界的全新窗口。她努力学习西方绘画、美术史，了解到敦煌之外还有古罗马、古希腊、古埃及等文化源泉，也进一步认识到各种文化之间的联系、相互碰撞和交融的渊源。这为她未来的艺术发展奠定了坚实的基础。

常沙娜带了一百多幅她在敦煌临摹的壁画摹本去美国，她的监护人叶丽华也对外宣传过她在敦煌临摹壁画的经历。叶丽华把沙娜带去的部分摹本在纽约一个文化馆办了个展览，很受欢迎。她还带沙娜在一些地方现场画画，特别是默画出敦煌壁画，令参观者惊叹赞赏。就这样，沙娜用记忆、用心默画，把她热爱的敦煌文化传播到了美国。

在美国期间，常沙娜不仅参与当地组织的一些活动、夏令营、周末聚会等，也结识了很多中国留学生。其中不少人当年就是地下党员，他们在生活上很关照年龄尚小的常沙娜，在政治上他们也影响了她。1949 年 10 月新中国成立，大批留美学生纷纷回国参加新中国建设。常沙娜虽然没有完成学业，但是当时回祖国去已经成为大多数留学生的选择，于是常沙娜也毫不犹豫地选择了回国效力的道路，于 1950 年 12 月与一批志同道合的留学生乘船回到祖国，参加新中国建设。

常沙娜属于新中国成立后最早归来的留学人员，在 20 世纪 80 年代归属欧美同学会留美分会，曾担任两届同学会副会长。她关心会里的工作，关心年轻海归的成长，每每聚会，她都会语重心长地嘱咐大家要关心传统文化的继承和比较文化的研究。她对妇委会活动很重视，不管多忙都尽量抽时间参加。2013 年欧美同学会建会百年之际，沙娜大姐的自传《黄沙与蓝天：常沙娜人生回忆》由清华大学出版社出版，并由妇女委员会在欧美同学会会所举办了隆重热烈的首发式，给大家留下难忘的记忆。而后她推出的展览都不忘邀请妇委会成员作为嘉宾出席，还热情地接受妇委会采访，谈人生、谈艺术，更不忘谈海归人员要牢记报效祖国的初心。

记得 2019 年春的一天，妇委会几位成员如约采访沙娜大姐。在一个普通的居民小区，常沙娜独居于此。她热情地欢迎委员们，并向每人赠送她绘制的《敦煌——常沙娜笔下的敦煌之美》画本，非常珍贵。采访中她敞开心扉，通过自己的不平凡经历，把爱国主义和不断创新奋进的精神传递给后学晚辈。最后沙娜大姐兴致勃勃地唱起她铭刻在心的法国童谣，留法的委员们则快乐地和声合唱，余音久久绕梁。

传承与创新

常沙娜回国之时，她的父亲常书鸿先生正率敦煌研究所的同事们按照周恩来总理的意见，在北京筹备大型“敦煌文物展览”，沙娜来到北京与分别两年多的父亲重逢，并配合父亲参与展览紧张的准备工作。最令她惊喜的是，她年少时在千佛洞跟随大人们临摹的摹本也在这个展览上亮相了。1951 年 4 月，设在故宫午门城楼上的展览准备就绪，4 月 7 日，周总理冒雨前来参观并给予了高度评价。这令常家父女很受鼓舞。

最令沙娜永生不忘的是，这次展览给她带来了对她以后的艺术生涯有指路明灯作用的两位贵客。他们就是中国建筑界的大师梁思成、林徽因夫妇。常沙娜曾经说过：“梁思成与林徽因先生对我有着巨大的影响。”这应该始于这次展览上的相识。

从小沙娜就知道父亲敬仰这两位大师，听过许多关于他们贡献的故事，但是在这个春天的展览上，在陪同他们参观敦煌展览的过程中，沙娜才第一次与他们相见相交。梁、林夫妇没有机会去敦煌考察，这次展览令他们叹为观止。他们不仅称赞了常书鸿先生坚守敦煌的精神和率领工作人员对敦煌保护和发展作出的贡献，而且也为沙娜在敦煌培养出来的童子功感到惊喜，欣赏她的才华和有留学经历的眼光。回去后，林徽因就向常书鸿提出请常沙娜到清华大学同她一起工作，希望在借助继承敦煌传统文化的同时，为装饰艺术注入新活力，特别是复兴特种景泰蓝工艺。这样常沙娜成为清华大学营建系的助教、林徽因的助手。

此后两年间，常沙娜在林徽因先生直接指导下，专注于工艺美术设计，奠定了她的传承和发展工艺美术设计和教学的人生道路。特别是丰富的敦煌知识和实践，使她有优势把敦煌图案运用到现代生活所需的工艺美术设计中，在民族文化宫大门、人民大会堂的墙楣、大宴会厅的天顶装饰等设计中，常沙娜都把传统文化的表现与她的创新设计融合在一起，真正做到推陈出新、中西融汇地展现了中国文化内涵。这也是她此后一生无论是在中央工艺美术学院教学或当院长都坚持的传承与创新的道路。

花开敦煌

常沙娜九十多岁的一生多姿多彩、辉煌灿烂，全面讲述与评价都非我们这样的凡人所能做到。她所有的努力和贡献在晚年依然表现突出，不仅能推出令世人惊叹的创新工艺美术设计，而且带着刻印着父女两代人的敦煌情、敦煌梦的不朽敦煌展走向全国和世界。

2014 年 7 月，83 岁的常沙娜在北京今日美术馆首次举办“花开敦煌——常沙娜艺术研究与应用展”，这是常沙娜六十多年来艺术工作的重要成果的全面展示，一时轰动艺术界。2017 年三八妇女节当天，这个展览又隆重地在中国美术馆再度展出。在这次展览上，常沙娜把 24 幅经典之作捐赠给国家，由中国美术馆永久收藏，在中国美术界传为佳话。在这两次重要展览上，沙娜大姐都邀请了妇委会负责人出席，并在百忙中向她们介绍展览、与她们合影留念。

“花开敦煌”初展后，开始国内外巡展之旅。2015 年 8 月，“花开敦煌——常沙娜艺术研究与应用展”在台湾省高雄市佛光山佛陀纪念馆开幕。这是继北京今日美术馆、深圳关山月美术馆之后巡展的第三站，展出常沙娜在敦煌洞窟中学习临摹之作、她当年师承林徽因先生在景泰蓝等工艺设计方面结合敦煌元素的创新成果等近300余件作品，为宝岛台湾带去一股敦煌旋风，传播了敦煌之美、敦煌之博大精深，展览大获成功。2019年7—9月清华大学艺术馆推出“花开敦煌——常书鸿、常沙娜父女作品展”，是继1943年兰州父女展之后，再次把父女二人的优秀作品一同呈现给世人。

在多次巡展中，2018年11月12日“花开敦煌”在巴黎展出对于常沙娜尤为重要。当天90岁高龄的著名法国汉学家汪德迈先生（1928—2021年）出席，参观之时老人家饶有兴趣地与比他小三岁的常沙娜认真探讨敦煌文化的保护和传播等有意义的问题，为众多围绕在身边的后辈们上了生动的一课。

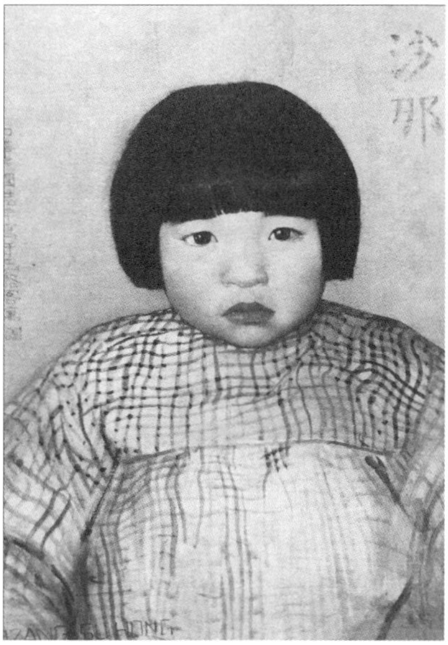

常书鸿画《沙娜像》，1935年收藏在法国巴黎近代美术馆

在童年故地展示一生的成果，沙娜非常激动和感慨，她向采访记者生动地追忆幼时与父母在巴黎的生活情景，那些难忘的儿歌、黄沙蓝天的敦煌、自己的艺术道路，更是追忆那些像她父亲一样在巴黎成长的老一代中国艺术家的成就。她回顾2011年在法国赛努奇博物馆展出“中国艺术家在巴黎”，策展方用的展览海报主视角正是她父亲常书鸿1935年在法国为小沙娜画的《沙娜像》，这幅画一直收藏在法国近代美术馆。海报张贴在巴黎各处，甚至贴到地铁站里。通过父亲之手画出爱女天真纯朴的画像，展示出一位中国画家的才华和爱女之心，冥冥之中也完美地诠释了从里昂、巴黎回到中国建功立业的常沙娜走向世界的生命之旅。

我与周广仁先生的忘年交

周广仁（1928—2022），中国钢琴演奏家、教育家。1928 年生于德国，4 岁回国开始学钢琴。她是中央音乐学院钢琴教授。1951 年赴柏林参加第三届世界青年与学生和平友谊联欢节钢琴比赛获三等奖，她是当时中国第一位在国际钢琴比赛中获奖的音乐家。1951 年获“全国五一劳动奖章”，1956 年获“文化部优秀演员”，1991 年获“全国文化系统先进工作者”，1993 年获“全国优秀教育工作者”。1993 年创办两所儿童钢琴学校。她出版的图书有《钢琴手指基本练习》《钢琴演奏基础练习》《中国音乐学院海内外钢琴（业余）考级教程》《舒伯特和勃拉姆斯的德国舞曲》等。

初遇周先生

从小爸爸就培养我学习琴棋书画，6 岁时我开始接触各种乐器，但都因为不喜欢而放弃，唯独钢琴成为我走上音乐道路的动力。大学毕业，我成为一名钢琴老师。那是 20 世纪 90 年代初，钢琴考级非常盛行，我教的学生几乎都参加考级。记得我有一个学生，那是我最担心的一个学生，她学习钢琴只有两年，第一年是师从别的老师，五级还没有通过，手指的“毛病”也比较多。在跟我学习的一年里，她进步非常大，为了让她上初中能拿到特长分，我大胆决定让她考九级。没想到她非常顺利地通过了！最为重要的是，得到周广仁先生的夸奖！周先生是中央音乐学院考级委员会的主席，是钢琴界泰斗级的人物，能得到周先生的认可，让我无比自豪和自信！

1994 年，我辞职下海经营一家广告公司，第一笔生意是“鲍蕙荞钢琴城”广告和策划。鲍蕙荞是著名钢琴家，中国音乐学院考级委员会的主席，周先生于鲍蕙荞既是良师又是益友。1995 年 5 月，我有幸在中山堂音乐厅欣赏包括周先生、鲍蕙荞在内的五位中外女钢琴家双钢琴音乐会，在后台我第一次近距离见到了仰慕已久的周先生。她给我的第一印象是那么的平易近人，一点儿架子也没有，而且一说话总是笑眯眯的。

周先生是我的恩人

那是 2004 年 3 月初，我从德国留学回来已经两年，还没有找到合适的工作。那段时间，我经常参加欧美同学会的演出，认识好多朋友，他们非常喜欢听我唱歌，看我一直没找到工作也都非常着急，于是他们找到周先生，希望她能帮助我。周先生这个名字在我的心中有着至高无上的地位，从没想到竟有机会与她相识。见到周先生后，我先前的那种紧张敬畏之心反而变得很平常。她俨然一位慈祥的母亲，那笑起来眯缝着的双眼和那细语轻声，让我感到特别亲切和温暖，也就少了几分惧怕、多了几分敬爱。她问了我的情况后，对我说："你回来得太好了！音乐学院太需要从德国回来的老师啦！你可以教艺术歌曲。"周先生幼年生活在德国，所以特别喜欢德国艺术歌曲。周先生的话给了我很大的鼓舞，因为那时我也只想去音乐学院工作。接着她又说道："我在中央音乐学院帮助你举办一场独唱音乐会，因为我非常忙，就让我的学生帮你伴奏，我争取一周听一次。"回国后，我一直没有机会开音乐会，听到周先生这样说，我仿佛在黑暗中看到了一盏明灯，照亮了我的声乐之路，心里暗暗下决心一定好好珍惜这次机会。

接下来我和周先生的学生开始着手准备音乐会的曲目。有一天，周先生出差回来，刚下飞机还没倒时差就不顾疲劳来听我们的课。其实，当时我挺担心，原因是我跟她的学生合作并不是很愉快，主要是我演唱的作品对于她有些难度，她不是很理解，而且也不谦虚，那时我真的想放弃这次音乐会了。记得是练德国作曲家瓦格纳的作品，果然周先生听完后非常不满意，她一脸严肃地坐到钢琴边，给她的学生示范。当美妙的琴声随着周先生滑动的指尖流出，那一刻我仿佛回到斯图加特音乐学院，不由自主地沉浸在音乐中，宛若在梦境。那种久违的感觉又找回来了，说心里话太享受了，久久不愿从里面出来。不知是不是我的歌声打动了周先生，最后周先生决定亲自给我伴奏。要知道周先生可是钢琴大家，而且她只给钱学森的夫人蒋英老师伴奏过。我真是喜出望外！能在音乐学院开音乐会，是我回国的一个梦想，居然要成真。像是做梦，但梦里也没有想过会与周先生一起办音乐会，而且周先生这么一位德高望重的大师亲自给我一个无名之辈伴奏。这从天而降的巨大幸福令我晕眩！

此后一个月，我每周都要去周老师家与她排练一次，时间都是下午。排练之前总是忐忑不安，但下课之后又心满意足。因为我在德国学习的曲目在国内大多数人没有听过，所以我现学了一些通俗易懂的曲子。慈母在上课时变成了严师，一字一句、一音一律都不放过，经常要反复多次，直到她满意为止。周先生的手曾经因为保护钢琴而断了两根手指，我演唱的作品音域又比较宽，手指必须打得比较开才可以够到，所以周先生偶尔会碰到不和谐的音。每到此时，周先生都会不停地练习，看着她的断指，我非常心疼。想想那时，周先生为了她钟爱的钢琴事业，手术后才几个月，忍着剧痛在音乐学院开专场音乐会，这是何等让人敬佩的坚强和毅力啊！往事如烟，许多当时排练的细节都不记得了，唯一记得的是周先生对我的鼓励：“你的声音太美了，像天使，不到音乐学院太可惜了！”

一场永生难忘的音乐会

2004 年 4 月 4 日晚上 7 点，由欧美同学会承办，周广仁策划并伴奏的“留德女高音罗艳洁独唱音乐会”在中央音乐学院音乐厅举行。由于周先生的影响力，欧美同学会会长韩启德及夫人、中央音乐学院院长和书记等领导都出席了音乐会，场面空前盛大，是迄今为止任何一次音乐学院音乐会都无法超越的，容纳300人的音乐厅那天达到了500人，通道上坐满了观众。音乐会分上半场一个半小时，下半场一个半小时，中间休息15分钟。周先生那时已经76岁，为了让观众很好地理解歌曲的内容，她在每首歌曲之前进行讲解，她幽默风趣的讲解经常逗得观众哈哈大笑，也让我紧张的心情平静了许多。音乐会非常成功。我回到后台看到周先生累得瘫坐在沙发上，走到她身旁心疼地看着她。她笑盈盈地问："你感觉怎么样？开心吗？"我感动地点点头，已经不知道说什么才好。心想这是我多大的福气啊！我在外面请伴奏，一个小时500元，场地费4000元。现在您给我免费伴奏了多少个小时啊，还替我缴了音乐厅的2000元场地费，我何德何能接受您这么多的馈赠！我只有好好努力，来报答您的大恩大德！谢谢您给予我一场永生难忘的音乐会！

周先生是我的人生导师

音乐会结束后，由于种种原因我没有进入音乐学院，但是韩启德校长邀请我来到北京大学医学部，希望我提高北医校园的文化。几个月的教学后，我发现我不适合在北医工作，因为我的专业得不到发挥。我把我的苦恼告诉周先生，她语重心长地对我说："我一辈子感谢医生，没有他们我的手就废了，更别说什么钢琴事业了！我希望你好好教医生，让他们有更高的医术！能帮助更多像我这样的人！"周先生的话深深触动了我，让我从此有了事业的方向。为报答周先生，逢年过节我都会去拜访。每次遇到她的学生，她都会这样介绍我："一位女高音歌唱家，但是是教医生的音乐老师，是不是很有奉献精神啊！"其实，我心里非常清楚，周先生这样夸我，是希望我为医学生做一点儿工作，播一粒种子，栽一棵苗子，在医学领域发挥作用。周先生非常关心我的事业发展，我的音乐会她必会出席，行动不便时她就坐着轮椅来捧场。周先生的为人和敬业成了我人生的楷模，深深地影响了我的一生。

罗艳洁与周广仁先生

德国哲学家卡尔 · 雅斯贝尔斯在《什么是教育》一书中说道："教育是灵魂的呼唤，用知识来充盈于人，服务于人，启迪人心，是一棵树摇动另一棵树，一朵云推动另一朵云。"周先生就是这样一位教育大师。她站在最高处，却始终十分谦逊，她用大爱，唤醒一代又一代"钢琴人"，去书写各自不同的传奇人生。

（罗艳洁口述，李丽整理）

怀念罗琬华大姐

罗琬华（1914—2009），著名妇科细胞学家、北京大学人民医院妇产科教授。北京医科大学第一届侨联主席，曾任北京市侨联委员、欧美同学会副会长。1954年归国后在北京大学人民医院妇产科工作，20世纪五六十年代她一直致力于开展妇科阴道细胞学工作，在人民医院成立了妇科细胞室，并开展了阴道镜工作，成为我国最早开始进行宫颈细胞学筛查和阴道镜的医院之一。在担任欧美同学会和侨联领导期间，她用极大的热情积极争取海外知识分子回国，开展海内外学术交流，团结归国留学生，为统一祖国、振兴中华做了许多工作。同学会妇委会成立后，她积极参与世妇会的组织工作，与全国妇联保持密切联系，成功地完成世妇会的任务。

被誉为“护花使者”的医学专家

罗琬华1914年11月出生在广西的一个书香门第，高中毕业后去越南读书，之后辗转到法国留学，曾任法国巴黎大学医学院外籍助教兼医师、奥地利维也纳大学医学院医师。1954年，40岁的罗琬华响应周恩来总理的号召，带着两个女儿回到祖国，满腔热忱地投身新中国的社会主义建设。她在北京大学人民医院担任妇产科教授，一直奋战在我国妇科癌症预防医学的最前线，将国外学习的“早期诊断子宫颈癌的技术”运用于国内，填补了我国的空白，为国家作出重大贡献，并因此荣获国务院政府特殊津贴。

早在20世纪五六十年代，罗琬华积极致力于开展妇科阴道细胞学工作，在北大人民医院成立了妇科细胞室并开展阴道镜工作，北大人民医院是我国最早开始进行宫颈细胞学筛查和阴道镜的医院之一。她在全国开办学习班、讲座，几十年来为阴道细胞学科发展精心培养了大批专业人才。她多次带领年轻医师到农村基层免费开展宫颈癌的筛查和早诊早治，为防治宫颈癌和提高妇女健康水平不懈地努力。退休后罗琬华仍未停止工作，还在继续讲课。她在医院工作将近40年，年均领导普查约15万人。普查结果如下：1959年发现子宫颈癌发病率为7.8‰，1974年为1.4‰，1982年降到0.16‰。罗琬华教授把毕生精力献给了妇产科事业，在妇科细胞学界享有很高的声誉，人们亲切地称她为“护花使者”。

受人敬仰的欧美同学会元老

罗琬华20世纪50年代回国后加入欧美同学会，先后担任委员、常务委员和副主任委员。她是80年代初向中央签名写信，建议“文化大革命”后尽快恢复欧美同学会活动的十位欧美同学会老学长之一。在欧美同学会恢复活动后，罗琬华担任常务委员，1986—1999年的13年间连续担任欧美同学会三届副会长和两届妇委会主任。罗琬华担任欧美同学会领导和侨联领导期间，用极大的热情积极争取海外知识分子回国，开展海内外学术交流，团结归国留学生，为统一祖国、振兴中华做了许多工作。2007年罗琬华获得了北京市侨联“心贴心活动先进个人”。她担任欧美同学会妇委会主任时，秉承欧美同学会“修学、游艺、敦谊、励行”的理念，团结妇委会委员，围绕大局开展工作，积极组织了大量学长们喜闻乐见的有意义的活动。罗琬华对欧美同学会合唱团的创建也作出过特殊贡献，她是合唱团（1994年成立）最早的成员之一。罗琬华为欧美同学会的发展不辞辛劳，她的勤恳奉献，她的高尚情操，赢得学长们的爱戴和尊敬。

1995年9月4日—15日，联合国第四次世界妇女大会在北京国际会议中心举行。这是联合国历史上的一次盛会，189个国家地区的代表共17000余人出席。大会通过了《北京宣言》和《行动纲领》，对促进妇女进步与平等，提高妇女的地位，对21世纪人类的和平与发展产生积极的影响。这次重要会议在北京召开，意义非凡。罗琬华带领欧美同学会妇女委员会积极参与到大会的组织工作中，与全国妇联保持密切联系，圆满地完成了世妇会的各项相关任务。当年参与过大会的女学长对这段经历倍感光荣和自豪，至今记忆犹新，津津乐道。

1995 年欧美同学会妇委会成为全国妇联团体会员。在全国妇联的支持下，结合各时期的中心任务，罗琬华和妇委会的姐妹们一道，共同策划、组织了各种活动近百次，吸引广大女会员参加，如参与和宣传“女性素质工程”“巾帼建功”“五好文明家庭”“绿色环保”等主题活动；积极组织支援西部贫困地区，为“母亲水窖”捐款；参加植树造林；搞好每年“三八”国际妇女节的纪念活动；举办大型专场文艺演出；组织各种健身活动；开展健康咨询、专家义诊和报告会；创建摄影小组，举办健美操训练班等。妇委会坚持每年组织新入会女会员座谈会；积极开展对外交流，促进女学长与国际友人的相互了解，交流妇女工作经验等。这些有益活动既服务社会，又愉悦身心，增强了学长之间的交流和友谊，受到学长们的广泛欢迎和称赞。

罗琬华曾邀请获诺贝尔奖的李政道教授在欧美同学会做报告，题为《科学与艺术》。李教授指出，科学与艺术就像一枚硬币的两面，密不可分，生动形象的报告使与会听众深受启发。

1999 年，“建国 50 周年女地质工作者成长的回顾和展望”座谈会在中国地质大学（北京）举行，来自国土资源部、冶金部、有色部门、核工业部门、建材部门、煤炭部门、石油部门、化工部门、地震部门、中科院、地科院、武警黄金部队、中国矿业大学、中国地质大学等 16 个不同战线的同行姐妹代表参加了座谈会。时任欧美同学会副会长、妇女委员会主任罗琬华作为嘉宾应邀出席并讲话。

罗琬华是欧美同学会的老前辈，她十分关心女会员的成长，积极推荐

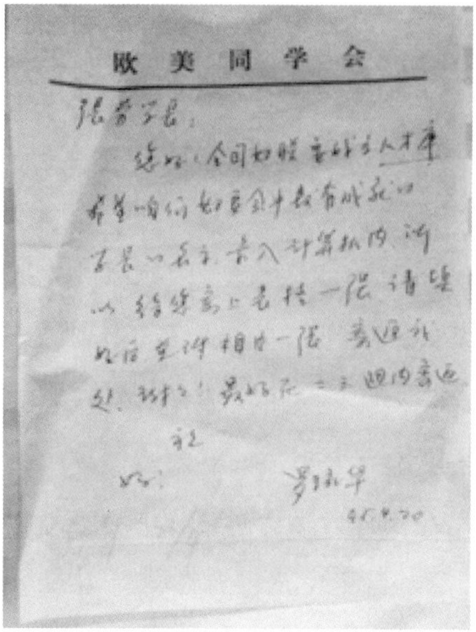
欧美同学会

罗琬华主任写给张劳学长的信函

她们加入全国妇联人才库。妇委会委员、时任留加分会副会长张劳一直保存着罗主任给自己的信。信是这样写的“张劳学长：您好，全国妇联要成立人才库，希望咱们妇委会中有成就的学长名字录入计算机内。所以给您寄上表格一张，请填好后并附相片一张寄返我处，谢谢。最好二三周内寄返。祝好！罗琬华95.4.20”。

和蔼可亲、自强自立的大姐

一头银发、衣着高雅，笑容可掬、精神抖擞，这是罗琬华给同学会学长们留下的最深印象。在欧美同学会，她曾是平易近人的领导，同时也是一位坚强又独立的大姐。在罗琬华年事已高，特别是2007年由于腿关节手术后行动不便，不能再出来参加欧美同学会活动以后，在家里她仍十分关心欧美同学会的各项活动以及熟悉的学长，坚持阅读半个月一期的“欧美同学会”通讯，通过电话与一些学长保持联系，还曾向欧美同学会新领导班子提出过办好“会员之家”的一些建议。许多与罗大姐有过交往的学长，都被她外在的端庄文雅和内在的美好善良而感动，有机会就愿意和她聊聊天，听她讲讲生活经历和人生感悟，并为晚年独居的她做点儿力所能及的事，有的还与她结为忘年之交。

2006年11月初至2007年3月底，已是耄耋之年的罗琬华从海南三亚度假村给欧美同学会合唱团里的歌友张荫柏连续写过4封亲笔信。当时罗大姐患有白内障，但她的信依然字迹端庄清秀，文笔简洁流畅。文字能体现出一个人的品位、喜好和人生观。信中写道："海南三亚郊区的这个度假村，确实是个美丽的天地：南面是无垠的蓝绿色的海水，陆地上椰树成林，遍地有五颜六色的奇花异草，大片大片的绿茵草地，加上服务人员上上下下全体是微笑服务，真是令人心旷神怡。"罗大姐对生活的热爱跃然纸上。在收到张荫柏的回信和对罗大姐即将92岁生日的祝福以及一些长寿健康知识"集锦"之后，罗大姐马上回信道："令我多么高兴！你寄来这么多这么好的东西，我慢慢地看，真有意思！我还要给这里的朋友们看呢！"字里行间传达着罗大姐的感恩之心和喜悦之情。

罗大姐的乐观与坚强感染了她身边的每一个人，也给他们留下深深的追忆与思念。

【参考文献】

张荫柏. 同学会的同学情——忆欧美同学会元老之一罗琬华大姐 [J]. 留学生，2013（9）.

（素材提供：留加分会学长张劳、欧美同学会合唱团）

第二节　20 世纪五六十年代留学苏联和东欧的一代

践行留学报国精神，勇挑建设祖国重任
——20 世纪 50 年代至 60 年代中期派往苏联、东欧的大规模留学潮回顾

习近平总书记在欧美同学会成立 100 周年庆祝大会上的讲话中指出，20 世纪五六十年代，一大批留学人员远赴苏联、东欧学习，成为我国建设和改革事业的重要力量。

这批留学生是新中国自己培养的第一代知识精英，他们积极响应国家号召，完全服从国家安排，在极其艰难困苦的条件下努力学习、呕心沥血、顽强拼搏，为新中国各项事业的建设和发展奠定了坚实的基础。很多留学归来的学长成长为新中国的科技栋梁和中坚力量，为国家建设和民族振兴发展作出了重要的贡献。

新中国成立之初，百废待兴、百业待举。当时，我国在科研、教育、文艺、工程技术、工业等诸多领域的高级人才总计不超 7 万人。然而新中国建设的很多重点工程，尤其是为了实施第一个五年计划，由于技术和管理都十分复

杂，国民经济各部门急需大批高级专业技术人才。因此，一方面，需要通过国内高等院校培养各类技术人才，但新中国高校在培养人才的数量、门类和质量上短时间内无法满足国家建设的迫切需要；另一方面，需要大量向外派遣留学生，培养尖端技术和科学前沿人才。为此，中共中央决定有计划地向苏联及东欧各社会主义国家派遣留学生，并将其作为新中国科学教育发展十年规划的一部分内容，由中央统筹实施，专门负责制定有关方针与计划，确保人才的培养与经济建设计划相协调。当时，党中央对选派留学生的工作十分重视，诸如每年的派遣人数、专业比例等这些具体而细微的问题，都要呈报周总理逐一审批。

这批由国家通过不同途径向苏联和东欧国家派遣的大批留学生，形成了规模宏大的留学潮，在我国现代教育史和留学史上留下了不可磨灭的篇章。据统计，20 世纪 50 年代初期至 60 年代中期，中国先后向苏联和东欧国家派遣的留学人员约 1.8 万名，其中 90% 被派往苏联，约有 1.6 万名，包括大学生、研究生、进修教师和实习生。纵观这批大规模派遣到苏联和东欧的留学高潮，和中国历史上的历次留学潮有所不同，它最为显著的特点是全过程的国家行为，主要目的是培养新中国建设急需的尖端技术和科学前沿人才，以适应国家下一步大规模经济建设的需要。他们所学的专业超过 40 个，主要集中在新中国恢复经济建设所有急需的行业，大多是与工业和国防建设相关的技术与管理专业。同时，为更好地管理和协调留学生的工作，专门制定了“严格选拔，宁少毋滥”的留学生指导方针，进一步细化了选拔办法。为此，1952 年年初成立了专门的留苏预备部，主要负责对选拔上来的留学生进行出国前的综合培训工作，强化对基础俄语的教学。同时，制定并执行《1953 年留苏预备生选拔办法》，对选派出来的留学生一律先在国内的留苏预备部进行为期一年的俄语强化培训和政治思想教育与品德考察，之后才派往苏联学习。留苏预备部除了对留苏预备生进行培训和政治审查之外，还负责筹备出国学生的物资供给。尽管当时国家财政十分困难，但为了尽快改变旧中国贫穷落后的面貌，适应未来大规模经济建设的需要，国家在其他方面缩减开支，尽可能地保证派遣留学生的费用。当时留学生的个人生活物资完全是由国家实行配给制度予以保障的。此外，为了加强对留学生的统一管理和指导，驻苏大使馆在 1952 年年初专门成立了留学生党委和留学生管理处。

1954 年，随着中苏关系进入“蜜月”时期，两国在各个领域的交流与合作越来越广泛和深入，加之国内经济建设对高级人才的需求达到空前，中国派往苏联的留学生规模不断扩大。自 1955 年起，中央改变了留学生派遣方针，作出了“争取多派研究生，少派或不派高中生”的指示。同时，在派遣专业上充分契合了国家建设的需要，逐步转向重工业建设领域所需要的专业，进一步减少了在轻工业、农林、卫生保健、师范、图书馆和社会科学领域的留学生派遣数量，加大了在特殊工种、采矿、动力、冶金、机械制造、电机、化工、无线电和建筑类的工科领域的留学生派遣。1957 年 4 月 27 日，毛泽东给陈云关于派遣留苏学生的批示中指出：“严格控制，统一解决，并指定一个机关统一管理。以后应当少派，派去的要精。已去而品格恶劣或程度太低的，可否考虑调回。”[①] 根据中央高层的指示精神，同时受到国际国内整体大环境的影响，1957 年之后苏联接收中国派遣的留学生数量出现了大幅下降。直至 1966 年 5 月“文化大革命”开始，留苏学生的选拔派遣工作随之戛然而止。1966 年 11 月 2 日，中国留苏学生 65 人乘“东风”号国际列车离开莫斯科返回祖国。至此，从新中国成立初期陆续派遣至苏联的中国留学生全部回国。

20 世纪 50 年代初期至 60 年代中期，中国派往苏联和东欧的这批留学生为中国工业化和经济建设事业提供了重要的科技和人才资源。被派往苏联的绝大多数留学生获得了苏联的红皮毕业证，是苏联高校的优秀毕业生。而这一时期被派往东欧国家的学子虽然没有留苏的同学多，但也是精英辈出。他们学成归来后，立即奔赴国家科研、生产、教学的第一线，辛勤耕耘，努力

① 中央文献研究室：《建国以来毛泽东文稿》第六卷，中央文献出版社，1987，第 449-450 页。

工作，凭借着在苏联和东欧学到的先进理论知识和业务技能，迅速成为各行各业的骨干，经过工作实践的锻炼考验，大多成为国家建设的骨干、科学院院士等，开拓了很多学科建设的先河，为国家的工业发展奠定了基础。特别是苏联专家撤走后，他们能发扬“独立自主、自力更生”的精神，勇于克服社会主义建设过程中遇到的一个又一个难题，最终成功地完成了剩余项目的建设工作。同时，他们还在外交外事、文化教育、科技工程等领域卓有贡献，与同期吸引回国的西方留学人员一起，对新中国的社会主义建设发挥了不可替代的作用。这个群体中有超过 200 人成为部级以上的领导干部，第三代国家领导集体中大多有留苏的教育背景，还有多人荣获了最高科学技术奖，200 多人成为两院院士。其中也涌现出了一批极具代表性的优秀女性海归代表，如留苏的张弥曼、聂力、冯理达等，还有留学东欧的老一辈学长刘星灿、蒋承俊学长等，她们是新一代女性留学归国人员的榜样。

特别应该指出的是，这批留学苏联和东欧的归国学子成为改革开放后欧美同学会恢复活动时的主力军，先后成立了自己的国别分会，通过展开丰富多彩的会员活动继续服务国家建设大局，促进民间外交。

在 20 世纪 80 年代欧美同学会恢复活动时，从苏联留学回国的人员数量很大，也很活跃。其中 20 年代留苏的伍修权学长为重振欧美同学会爱国报国的精神，作出很大贡献，是他在恢复工作初期（1988 年）提出要“立足国内，放眼海外”。1989 年 5 月 14 日，在伍修权、杨放之等留苏老学长的积极倡议和筹备下，正式成立了留苏分会。留苏分会是欧美同学会重要的国别分会之一，其中既有 20 世纪五六十年代留学苏联的老学长，也有改革开放后留学苏联加盟共和国归来的年轻学长。老学长们一生践行留学报国的精神，用国外所学的知识努力建设国家，无怨无悔奉献了一生，无愧于祖国和民族建设新中国的重托。而年轻学长则以老一辈留苏学长为榜样，在实现中华民族伟大复兴的征途上砥砺前行！多年来，留苏分会始终秉承“修学敦谊，振兴中华”的办会初心，开展了大量以留学报国为宗旨的外事、学术、文化、艺术活动以及节庆联谊活动，包括组织出版四册《希望寄托在你们身上——忆留苏岁月》留苏回忆录及大型画册《学子之路》、歌曲集《难忘的旋律》等深受广大会员欢迎的书籍音像产品。此外，留苏分会还积极开展引智、引技和建言献策等工作，并协调和支持在黑河市筹建成立了旅俄华侨纪念馆 [旅苏（俄）留学生纪念馆]。留苏分会的女会员如聂力、李特特、胡立生、史慰英、秦大地、贾梦秋、蒋菁等在欧美同学会的建设与发展中表现突出，并且带领留学苏联国家新一代会员把分会打造成欧美同学会的标杆性分会。

从中东欧留学回国的许多学长也积极参加欧美同学会活动。早在 20 世纪 60 年代，从捷克斯洛伐克回国的同学们就以同学会形式联谊，1987 年 11 月欧美同学会捷克分会成立，以后又联络了东欧多国，于 1989 年 2 月正式成立东欧分会，人数近四百。分会很活跃，经常举办各种文化娱乐联谊活动，与东欧各国使领馆保持良好互动和友谊，为推进民间外交、促进文化交流作出贡献。比如，优秀女性代表有 20 世纪 50 年代公派捷克的刘星灿学长，生前在人民文学出版社工作，成为“捷克文学在中国的引荐人”，翻译出版四十多部捷克文学作品，1990 年捷克斯洛伐克文学基金会授予她“涅兹瓦尔奖”，2005 年捷克政府为表彰她弘扬捷克文化的终身成就而授予她“格拉底亚斯 · 阿吉德”水晶球奖。她翻译的《好兵帅克历险记》留在一代代中国青少年的美好记忆中。与刘星灿学长同时留学捷克、生前在中国社会科学院外国文学研究所工作的蒋承俊学长除了著有大量的文学史、戏剧史论文专著外，翻译的《绞刑架下的报告》名满全国。她们都是留学女性的骄傲。

【参考文献】

蒋菁 . 中国社会主义道路选择问题研究 [M]. 北京：五洲传播出版社，2016.

传承帅府红色家风　献身国防科技事业

——留苏分会聂力女将军的传奇人生

聂力，1930年出生，是开国元勋聂荣臻元帅的女儿。留学苏联，1960年毕业于苏联列宁格勒精密机械与光学仪器学院。中国第一位女中将，曾任国防部科委科技部副局长、国防科工委科学技术委员会副主任兼秘书长等职，第六届、第七届全国妇联副主席，全国第七届、八届人大代表，欧美同学会留苏分会第一、二、三、四届理事会副会长，以及欧美同学会第四届妇女委员会主任。

童年苦难催奋进　刻苦学习报党恩

聂力将军出身革命家庭，在那个特殊的年代，她的童年历经磨难，经历了旁人难以想象的困难与艰辛，也造就了她沉稳执着、坚韧不拔的品格。小聂力 1 岁零 4 个月时，聂帅为了革命事业不得不离开了她，3 岁多还随母亲蹲过英国人的监狱，5 岁多又被迫与母亲分离，被寄养在上海郊区嘉定县一户贫苦人家中。童年的聂力，没有父母的照看，为了生计，小小年纪做过童工，洗衣做饭、种地割麦、喂猪放牛、除草插秧、纺线织布，什么重活儿累活儿都干过。那时的她不善言辞，无依无靠，不仅要顽强地学会生存，还要默默忍受着亲人不在身边的孤单与寂寞。这段特殊的经历使得聂力从小就懂得人间疾苦，并养成了独立、坚毅的性格。在党组织的关怀下，聂力终于在 16 岁之际重回父母怀抱。分别15年后与父亲的第一次相见，是那么令人难以忘怀，丝毫没有多年未见的陌生感，有的只是血肉至亲重逢的亲近感，而聂帅更是高兴得合不拢嘴，走到哪里都带着这个久别重逢的女儿，并忙里抽空亲自指导聂力学习文化，耐心地讲解革命之道。在父亲的教导下，聂力明白了革命事业的真谛，也树立了坚定报国的革命信念。尽管她 16 岁才得以上学，但童年经历的一切，让她懂得必须依靠自己刻苦学习才能赶上别人，也只有不甘示弱、顽强拼搏才能实现心中的理想，回报党恩。1950 年 3 月，聂力还在中学学习时，就光荣地加入了中国共产党，立志为党的事业奋斗终生。

1953 年聂力高中毕业，正值新中国第一个五年计划如火如荼展开之时，祖国正是用人之际。她在父亲和彭真叔叔的鼓励下，第二年以优异的成绩考上了留学苏联的预备班，1955 年她沿着父亲的足迹踏上了出国留学的道路。

海外求学的日子十分艰难，但她始终记得父亲的教诲和在欧洲求学时抱定的“学不成，死不归”的决心，也记得临行前父亲说过“学习不光是为了自己，也是为了国家的将来”。正是在这样一种留学报国的精神鼓舞下，聂力在留学苏联时，始终以父亲为榜样，努力求知，刻苦学习先进技术和经验。在此期间，她还在列宁格勒邂逅了志同道合的一生挚爱——丁衡高上将。两人在学成归国后，都投身到了祖国急需的国防科技事业中，在各自的工作岗位上取得了非凡的成就。这也成为聂荣臻元帅和聂力母亲张瑞华晚年最为欣慰的事情。

红色家风代相传　科技兴国挑重任

苏联留学归来，聂力被分配到了国防部第五研究所工作，这是我国第一个导弹设计单位。她从实习生、技术员干起，始终牢记父亲的教导，勇挑科技兴国的重任，以建设祖国为己任，为中国的国防科技事业呕心沥血。她常说：“老一辈在枪林弹雨里浴血奋战打天下，建立了新中国，我们不能坐享父辈打下的天下，要真正把自己当成新中国的建设者。”

在生活和工作中，聂力始终以父亲为榜样，秉持质朴、清正、醇厚的红色家风，严于律己，平易近人，对唯一的女儿也从未溺爱，从小就要求她生活简朴。由于曾留学海外，她格外懂得每逢佳节倍思亲的情怀，因此她特别关照那些离家在他们身边的年轻工作人员，经常在过节时给他们送礼物，尽力让他们如同在家一样开心。在事业上，她也深受父亲的感染和影响，非常尊重知识分子，特别爱惜人才，且十分注重打造团队的凝聚力。

1982 年聂力担任国防科工委副主任后，一直分工负责军用电子技术等方面的工作。她参与领导了银河亿次机和其他军用电子计算机系统、通信、雷达以及电子元器件等方面的研制工作，并取得了突出的成绩。尤为令人瞩目的是，在国家重点国防科技工程项目“银河—II”巨型机的研制中，她曾多次深入一线，拖着疲惫的身体奋斗在基层，与科技人员一同分析技术难点，讨论攻关方案。一直以来，她都以父亲领导指挥的“两弹一星”精神为指引，以身作则，长年无休，充分发挥主心骨的作用，无微不至地关心和爱护那些为祖国现代化国防事业无私奉献的科技专家，事无巨细为他们切实解决各种困难，并多次带去节日的问候。这充分调动了大家在科研攻关中的积极性，打造了一支特别能战斗的国防科研队伍，后被中央军委授予“科研攻关先锋”的荣誉称号。在项目成功后，她默默退到了后面，又开始了新的漫漫征程……

在父亲百年诞辰之际，聂力曾动容地说：“我们没有辜负父亲的期望，没有辜负党的教育与培养，在中国国防科技事业的发展中，凝聚着我家两代人的付出，我们坦然又欣慰。”

妇幼事业放心间　留学报国立榜样

除了一直奋斗在国防科技的战线上，聂力还十分关心中国的妇女儿童事业发展，注意倾听广大妇女的呼声，这或许与她童年特有的经历有关。她不仅连续当选为第六届、第七届全国妇联副主席，还身兼全国人大内务司法委员会妇女儿童专门小组组长。她利用自身的影响力和出差工作的机会，挤出时间在各地妇联进行调研，认真研究妇女儿童权益的有关法律，为保护妇女儿童的合法权益坚持不懈地努力，不仅在百忙中撰写《科技进步与中国妇女》等文章，还在各种妇女论坛上发声，以强有力的事实和翔实的数据向世人讲述中国妇女儿童事业的进步与发展，在国内、国际两个舞台上充分展示了中国女将军的时代风采。同时，她还特别关心妇女儿童事业的人才教育和培养，在中华女子学院奠基修建开工动土之时，她毫不犹豫捐赠出自己的1000元稿费。同时，她还热衷于欧美同学会的公益事业，担任欧美同学会的副会长和四届留苏分会副会长，为欧美同学会的发展，尤其是欧美同学会妇女委员会工作的顺利开展作出突出贡献。她虽身居要职，但从不摆架子，和蔼可亲，被广大女科技工作者和留学的学长们亲切地称呼为“聂力大姐”。周边的同志们都说：“聂力像一盆火，燃烧着自己，温暖着别人。”多年来，她始终没有忘记父亲“留学报国，科技兴国”的殷切期望，用实际行动给新时期的广大留学人员，特别是女留学人员树立了榜样。

中国国防科技事业从无到有，从弱到强，成为世界上少数几个独立掌握包括核技术和空间技术等高端技术在内的国家之一，大大提高了我国的世界威望和国际地位。这离不开几代国防科技工作者的顽强拼搏和无私奉献，包括像聂力这样以国防科技兴国为己任的女科技工作者的辛勤付出，她们中的很多人都有留学背景。多年来，这个群体努力把海外所学的知识与祖国国防事业的建设紧密结合，辛勤耕耘，刻苦钻研，把自己的一切毫无保留地献给了祖国蒸蒸日上的国防科技事业，无愧于党的培养和国家的期待，无愧于这个时代赋予的神圣使命！

将门之后、军中巾帼

——致敬海归爱国知识分子、优秀共产党员冯理达学长

冯理达（1925—2008），爱国将领冯玉祥的女儿。新中国第一批留苏学生之一，毕业于苏联列宁格勒大学，1958年获得医学博士学位，是著名免疫学专家。曾任海军总医院副院长，中华全国妇女联合会执行委员，中国人民政治协商会议第七届全国委员会委员，第八届全国委员会常务委员。主编学术专著8部，3次获军队科技进步奖。她长期从事免疫学理论研究与实践，刻苦钻研，勇于创新，1991年，国务院、中央军委授予她“有突出贡献的早期归国定居专家”称号。2008年被追授“全国优秀共产党员”称号，颁发“白求恩奖章”。

名门家风　一心向党

冯理达在童年和少年时经历了旧民主主义革命和抗日战争。在父母的教育和父亲爱国行为的影响下，她对中国共产党从起初的了解到后来的热爱，再到一生的执着追随，历经风雨不改志，始终把自己的人生价值与党和人民的事业紧紧联系在一起。她时刻谨记父亲的遗训“献身给国家，不怕刀砍和枪杀；献身给民族，情愿粉身与碎骨；民族生存，我方生存。我身虽死，换得民族生存；国家自由，我方自由。我身虽死，换得国家自由。”

冯理达从 1949 年赴苏联留学时递交第一份入党申请书起，无论身处何境，每年都要向党组织递交一份入党申请书，对党的信仰矢志不渝，从未动摇。尤其是在刚刚调入海军总医院的一年多时间里，她先后 5 次向党组织递交入党申请书。1975 年 12 月 23 日，当年过半百的冯理达得知党组织批准自己入党的消息后，泪流满面激动地说：“我终于入党了，我终于实现了自己 26 年的夙愿。”入党那天，她在日记中郑重写道：“做了党的人，就要为党的事业奉献自己的一生。”半个多世纪以来，她把自己的一切都献给了党和人民的伟大事业，用一生的执着追求和不懈奋斗，向我们展示了一名爱国知识分子和共产党员的政治品质。临终前，还特意叮嘱儿子罗悠真：“你要永远记住，妈妈是党的女儿。我死之后，帮我代交一万元党费……”

83 载人生春秋，冯理达为人处世一直遵循着父亲的遗言：洁身自好、奋发图强、独立自主，并始终把自己看成“党的女儿”，一生淡泊名利、无私奉献，利用自己在海外所学的医学知识为国效力、为民奔波、为兵服务，将党的关怀和温暖传递给了全国各地的人民。她因病去世后，被追授为“全国优秀共产党员”，并获得“白求恩奖章”。

为国分忧　为兵服务

冯理达作为中国著名的免疫学专家，为祖国军事医学事业作出了杰出贡献。20 世纪 70 年代，她就提出整体免疫概念，并把免疫学研究提高到中西医结合整体论的层次。20 世纪 80 年代，冯理达提出建立有中国特色免疫学学科的思想，使中国免疫学在基础实验及临床实践方面得到进一步证实。20 世纪 90 年代，冯理达在免疫学研究的基础上，开始对老年保健问题进行深入研究。她在耄耋之年潜心 10 年编撰的 6 部共 260 多万字的大众健康读本《健康健美长寿学》等，成为提高人民群众健康水平的一把“金钥匙”。

在 35 年的军旅生涯中，冯理达用严谨求实的科学态度和开拓进取的革命精神履行着当代军医的职责。带领战友刻苦钻研，开拓创新，建成我军第一个免疫学研究中心。她不仅创立了免疫物理学、免疫康复学和部队免疫学等基础理论，还创造性地运用力学、电磁学等知识，进行机体免疫研究。先后编著多部学术著作，发表论文 60 余篇，3 次获得军队科学技术进步奖，并 29 次带队赴传染病疫情地区和地震灾区指导防疫治疗工作，为多名官兵和群众诊治疾病。

作为一名奋斗在医学领域的专家，冯理达始终牢记党的宗旨，坚持把人民利益放在第一位。2003 年，面对突如其来的“非典”疫情，她夜以继日地四处奔波，一个月内搜集了 1200 多万字的防治“非典”资料，并坚持每天按时转交给抗击“非典”一线的医务人员。此外，她还发挥自己的专长，结合部队官兵的实际需求，精心组织了抗疲劳、抗严寒、抗饥饿等课题研究，登舰艇、下海岛，深入部队为官兵进行免疫调理和治疗，为海、陆、空官兵进行卫生健康知识授课 500 多场次。

关心统战　热心公益

冯理达一家与统一战线有着深厚的渊源。她作为中国和平统一促进会常务理事，不断发挥特殊的身份优势，积极广泛联系海内外，特别是台湾地区爱国人士，为巩固、壮大爱国统一战线和推进祖国统一大业作出了积极贡献。她在担任全国政协委员、常委的 20 年间，多次深入基层调查研究，进工厂、下农村，认真倾听群众呼声，围绕关注弱势群体、普及健康教育等问题，提出议案 155 项，书面发言 53 份。多年来，她除了在自己的医学领域作出巨大成就外，还不遗余力地关爱帮助弱势群体，无偿捐助给灾区人民、贫困学生、癌症患者及孤残儿童的钱物高达 300 多万元，被人们敬称为“爱心妈妈”“爱心奶奶”。

冯理达同志是全国优秀共产党员、杰出的医学专家，更是海归爱国知识分子的榜样。晚年，她经常参加欧美同学会的活动，与学长们建立了深厚的友情。我们永远怀念她！

世界杰出女科学家张弥曼的寻『鱼』人生

张弥曼，1936年生于江苏南京，留学苏联，1960年毕业于苏联莫斯科大学地质系。古脊椎动物学家，中国科学院古脊椎动物与古人类研究所研究员、博士生导师。1991年当选为中国科学院院士；1992年担任国际古生物协会主席；1993年担任中国古生物学会理事长；1995年被选为伦敦林奈学会外籍会员；2011年当选为瑞典皇家科学院外籍院士；2016年10月获得“罗美尔－辛普森终身成就奖”；2017年11月，获得联合国教科文组织2018年度“世界杰出女科学家奖”；2018年11月6日，获颁何梁何利基金“科学与技术成就奖”。2019年1月，被评为2018年度十大女性新闻人物。2019年11月18日，获得中国古生物学会终身成就荣誉奖。2021年7月2日，国际小行星命名委员会发布公告，将中科院紫金山天文台发现的、国际编号为347336号小行星正式命名为“张弥曼星”。

立志报国　献身地质

张弥曼 1936 年出生在南京，祖籍浙江嵊县，父亲是留美博士，学成归国后成为一名神经生理学领域颇有名气的教授。受父亲影响，张弥曼从小就对生物、自然充满兴趣，并立志要成为一名像父亲一样出色的医生。但高考前夕一次与校友蔡祖善的谈话，彻底改变了她的人生轨迹。20 世纪 50 年代初期，新中国正处在奋力朝工业化迈进之际，急需包括地质科学行业在内的青年人才。为此，国家大力号召青年学生积极投身其中。最终，张弥曼在蔡祖善的动员和“地质报国”的感召下，不顾家人的反对，放弃了从事医学工作的理想，毅然考入北京地质学院，立志今后从事地质研究工作，为祖国寻找经济建设所需的矿产资源。

1955 年，刚入学一年的张弥曼被选中派往苏联莫斯科大学地质系学习古生物学。起初，她对这一学科的研究方向十分迷茫，此时在莫斯科恰巧遇到了正在苏联访问的中国科学院水生物研究所的鱼类学家伍献文先生，他向张弥曼提出了选择古鱼类研究的建议。从此，她机缘巧合地开启了自己“学”鱼、“寻”鱼的漫长人生旅途。对此，张弥曼曾将自己与古生物学的结缘有趣地比作“先结婚后恋爱的包办婚姻”。经过了岁月的历练和磨合，依旧不离不弃，相濡以沫，相伴终身。

1960年张弥曼从苏联学成归国后，就进入了刚成立不久的中国科学院古脊椎动物与古人类研究所工作，开始了她一生锲而不舍的寻“鱼”生涯。在外人眼里，这是一个神秘、枯燥、单调和清苦的研究领域；而在张弥曼眼里，这却是一个有趣且充满未知渴望和惊喜的科研领域。在日复一日的研究中，她深深地爱上了自己的古鱼类专业，并为此付出了艰辛的努力。当时，她每年有好几个月都跟随地质勘探队在全国各地的荒山野岭间寻找化石，背着厚重的行囊，跋山涉水，风餐露宿。尽管条件极其艰苦，但她始终坚持自己采集化石，自己修理化石，自己给化石拍照，自己展开研究，努力在一块块的鱼化石身上探寻地球上亿年前的秘密。同时，她利用自己的知识，在判断大庆油田地下石油分布时，通过对东部沿海地区采集的中生代、新生代地层的鱼类化石展开的形态、分类及动物群分布等方面的研究，以及古动物地理和古环境的研究，依据地层中的化石样本，结合对东亚地区古鱼类演变规律的研究，准确提出了含油丰富的地层信息，为地质专家寻找油层提供了扎实的科学依据。当大庆油田第一股石油从地下喷涌而出的时候，张弥曼的观点得到了印证，“识鱼探油”不仅引起了中外地质学界的轰动，也让人们对张弥曼所从事的古生物学的学术研究价值刮目相看。此外，她基于鱼化石研究角度所提出的有关我国东部地区含油地层的沉积环境的观点，即我国东部含油地层大都为海陆过渡相和陆相交替的沉积，对我国能源开发事业具有重要意义。

张弥曼早年工作照片

严谨治学　甘为人梯

1965 年，张弥曼来到世界古生物研究中心，即瑞典国家自然历史博物馆进行了为期一年的学习和研究。1980 年，张弥曼再次前往瑞典国家自然历史博物馆，师从史天秀、雅尔维克等三位瑞典学派主要学者。这一次她带去了在云南曲靖早泥盆纪早期地层中发现的杨氏鱼，并对它展开研究。留学工作期间，这位被博物馆同事称为“不睡觉”的中国女人，以惊人的毅力和孜孜以求的科学精神，用两年的时间，采用连续磨片的方法，做完了一套包括 540 多张图的杨氏鱼化石的连续磨片，精细复原了杨氏鱼的脑颅、脑腔及血管、神经通道的结构，并最终制出了蜡质模型，最后发现杨氏鱼不仅没有内鼻孔，也没有鼻泪管、颅中关节等结构，这些结构此前同样被认为是古总鳍鱼作为两栖类祖先的证据。同时，她还在研究中对比了英、德、法等国收藏的相关标本，力证了这一发现的普遍性。这从根本上动摇了传统的四足动物起源说，而挑战的对象正是她的导师、“瑞典学派”的理论权威——雅尔维克。尽管导师多次希望她停止研究，但张弥曼没有退却，希望能用严谨的科学态度追寻它本来的面目，坚持用事实说话。最终在她不懈的努力下，以有力的科学证据推翻了古总鳍鱼类是现代两栖类祖先的观点，而杨氏鱼虽归入总鳍鱼类，但它没有内鼻孔，不能离开水呼吸空气，也就不存在到岸上生活的物质基础。这项足以改写教科书的发现让世界古生物界为之震动，它直接改变了世界古生物界长期持有的传统理论和观点，也由此开启了对四足动物起源新一轮的探索。1982 年，她正式发表了这项研究成果，并以优异的成绩通过了博士答辩。

此后，张弥曼以孜孜不倦的科研探索精神陆续发表了诸多研究成果，逐步成为古生物研究领域的权威。她几十年如一日地在荒野中寻觅古代鱼类的踪迹，提出的任何学术观点都有仔细、踏实的材料支撑。她常说：“真理不辩不明，我很喜欢人家不同意我，也喜欢年轻人比我们做得好。”多年来，她对年轻学者始终关爱有加，希望他们青出于蓝而胜于蓝。对学生来说，她既是严师又是慈母，多年倾注心血地培养后辈，为学生投入的时间非常多，对学生的要求也异常严格。20 世纪 90 年代，她把自己研究多年且更容易出成果的泥盆纪鱼类的研究方向慷慨地交给了自己的学生。同时，她还全力支持业内的年轻人大胆展开科研，勇挑重担，取得了一个又一个震惊国际古生物学界的成果。多年来，尽管她在学生的科研和论文撰写过程中投入了很多时间和心血，但她从来不在学生论文上“搭车”挂名。她淡然大度，爱才善举，“事业如山，名利如水”正是学生对她最真实的评价。

寻“鱼”人生永无止境

张弥曼一生都在不断学习和探索。几十年的科研生涯中，她十分重视新方法、新技术在古生物学中的应用，提倡学科间的交叉、融合；她不仅富有怀疑精神，还积极大胆创新，不断开拓古鱼类学的新方向、新领域，奠定了中国古鱼类学研究的国际学术地位，完美地诠释了她平凡而耀眼的寻“鱼”人生。她以严谨的科学态度和扎实的研究功底，在科技界取得了卓越的具有开创性的成就，获得了国内外同行的高度认可。她曾担任中国科学院古脊椎动物与古人类研究所所长、国际古生物协会主席、中国古生物学会理事长，还先后被聘为纽约美国自然历史博物馆、芝加哥菲尔德自然历史博物馆客座研究员，英国伦敦大学医学院解剖系客座教授，北美《古脊椎动物学杂志》编委，英国《古生物学杂志》国外联络人。她是英国林奈学会外籍会士、瑞典皇家科学院外籍院士，曾分别于 2011 和 2015 年获芝加哥大学、美国自然历史博物馆吉尔德研究生院荣誉博士学位，1999 年获何梁何利基金科学与技术进步奖；2016 年 10 月，获得古脊椎动物学会最高荣誉奖项——“罗美尔 - 辛普森终身成就奖”；2017 年 11 月，获得联合国教科文组织 2018 年度“世界杰出女科学家成就奖”；2018 年 11 月，又被评为代表何梁何利基金科技奖励最高荣誉的“科学与技术成就奖”获得者，同年还被中宣部、科技部、科协评为“最美科技工作者”。

功成名就后，张弥曼没有躺在过去的辉煌中安享晚年。即使人到暮年，她也没有停止对未知科研领域的探索。多年来，她坚持在鲜为人知的新生代鱼化石领域苦苦追寻，不断下苦功为后辈打基础，做科研材料积累。她指出，新生代鱼类化石反映了近年来地球的变化，未来还能很好地和分子生物学结合起来，可能会诞生新的大发现。她解释说：“这一块再不做，中国就赶不上了。”

张弥曼荣获“科学与技术成就奖”

张弥曼以唯一求真的学术态度依旧脚踏实地地做着自己的科研，不断开辟新的研究领域，继续着自己璀璨的寻“鱼”人生！她是我们这个时代名副其实的一代“女神”，是所有海归女性学习的榜样！

第三章

破冰前行 振兴中华

第一节　20 世纪六七十年代留学西方的一代

从苏联和东欧走向更广阔的舞台
——20 世纪六七十年代留学西方的一代

新中国成立以后，国家急需建设新中国的人才，在西方国家对我国实行封锁的情况下，有条件大批派遣青年学子到苏联和东欧国家留学，培养尖端技术和科学前沿人才，成为国家之急需，由中央统筹实施。随着国际形势的变化发展，中央也考虑到外教外语人才的储备问题。自 1957 年起，中央作出指示，派遣留苏学生要“严格控制，统一解决”，“以后应当少派，派去的要精”。此后，派遣到苏联的留学生数量大幅下降。20 世纪 60 年代初，由于国际形势的变化和中苏关系日趋紧张，派往苏联的留学生数量再度减少。

与此同时，根据中央指示，自 1959 年起，教育部在全国几所外语大学选拔一批学生派往西欧和中东各国。这是新中国成立后首次向苏联和东欧以外的国家公派留学生。这段时间国家派遣的留学生以北欧国家、瑞士、意大利等为主，人数不多，目的很明确，是为适应国际形势发展而做好培养自己的外事人才准备。这对于新中国培养具有国际视野的新型外交、科技人员有着重大意义，应该在中国留学史上留下一笔。

他们中间著名的外交家有曾任驻瑞士和法国大使蔡方柏、曾任驻意大利米兰首任总领事陈宝顺、曾任驻玻利维亚共和国大使和驻乌拉圭东岸共和国大使谢汝茂、曾任驻卢森堡代办和乍得大使周振东等。他们经过艰苦学习的过程，在国内外风云变幻中接受了严峻的考验，成为新中国培养的第一代外交人员或者学者。他们回国之后积极参加欧美同学会的工作，陈宝顺先生当选过总会副会长，还长时间担任意大利分会会长。他的夫人沈亦缘学长同时期留学意大利，也长期在外交部工作，曾任驻米兰总领事馆领事。作为中意建交 50 多年来最重要的见证者之一，陈宝顺与沈亦缘为中意两国外交文化各领域的友好发展都作出了卓越贡献，1993 年 6 月，他们同时荣获意大利总统骑士勋章。沈亦缘学长也是欧美同学会妇女委员会委员，长期为妇委会的工作奉献智慧和力量，深受妇委会委员们的敬仰。

与这批留学生一样，在 20 世纪 60 年代下半叶由中央决策派出的另一批到非苏联和东欧国家学习的青年学子，成为冷战时期破冰前行的尖兵。同样，这批留学生人数不多，在当时特殊国际政治形势下也不引人注意，许多关于留学史的研究中有多个留学潮，都会跳过这段历史。然而正是他们成为新中国外交、教育政策与时俱进的亲历者和见证人，肩负起在特殊年代中西方文化交流的重任。这段历史应该是中国留学史中承上启下的一个部分，不应该被埋没。

这个时期，一般从 1964 年算起，随着国际形势的发展，党和国家为将来在国际上建交、外贸活动未雨绸缪，储备外语人才，由高教部出面选派 600 余名优秀高中毕业生，分赴欧、亚、非、拉美地区学习语言以及各种知识。这是为我国走向更广阔的国际舞台做人才储备的英明之策，也标志着新中国进一步走向国际社会，并且为中西方文化交流和留学生派遣工作开辟了新途径、新思路。这些留学生的作用不容小觑。

1964 年被派往古巴的 108 位学子中出现许多优秀外交人员，其中不乏女性，我们将在本节中介绍曾任驻外参赞、长期担任拉美分会副会长兼秘书长的陈红娣学长，她和她的丈夫麦国彦大使曾被全国妇联授予“最美家庭”称号。当年派出的人员回国后陆续有 54 名加入欧美同学会，成为 1995 年成立的拉美分会的中流砥柱，20 多年来把这个分会办得红红火火。

这是国际形势发生重大变化的年代，其中一个重大外交事件是 1964 年 1 月法国打破坚冰与中华人民共和国建交。仅过了三个月两国就互派大使，然后重开中断了多年的各种交流活动，其中，派遣留学生最引人注目。1964 年 3 月，国务院外事办公室和高教部联合发文，向中央政府提交《关于解决当前外语干部严重不足问题的应急措施的报告》①。报告指出，国际形势发展很快，外事翻译干部需求大增，需要另辟蹊径采取措施解决。报告提出具体规划，建议大量外派留学生，三年规划向各国共派遣各类留学生 1750 人。法国是计划派出中国留学生最多的国家，预计派出 470 人。

在周恩来总理的直接关怀下，1964 年新中国首次向法国派出 103 名留学人员，1965 年又派出第二批，合计 182 人。中法建交开创了我国外事工作的新局面，也成为解决当时外语干部严重不足问题而采取的重要措施。

法国一向是中国留学大国。早在 20 世纪初就有过留法勤工俭学运动，周恩来、陈毅、邓小平等都从留法勤工俭学运动走过来，深知对于一个开放、具有国际视野和胸怀的国家派遣留学生的重要性。但是，新中国成立后，国际上的冷战局面使得整个 50 年代东西方外事、文化交流受到阻隔，那些 40 年代出国在西方学习的爱国学子要冲破重重障碍才能回到祖国，国内学生想到西方学习也是荆棘丛生，举步维艰。这种状况一直延至中法建交。

这批被派遣的青年学子朝气蓬勃，曾经有幸亲身受到过留法老前辈周恩

① 王辉耀、苗绿：《中国留学发展报告（2017）》，社会科学文献出版社，2017。

来总理、陈毅副总理的关怀，他们继承了留法前辈们的光荣传统，在国内外政治环境都很严峻的情况下，在国外努力学习法国先进文化，与当地人民交朋友，寻访当年老一辈革命家留法勤工俭学时期在法国的工作和战斗足迹。虽然他们在当时也受到国内外特定形势的影响，但是他们能以清醒的头脑从卢浮宫、枫丹白露等人类共同的文化宝库中汲取精神营养，在瞻仰1871年巴黎公社最后一批战士殉难的拉雪兹神父公墓内公社社员墙时学习法国人民的革命精神。在东西方冷战十多年后，这些留学生的到来，为世界打开观察和了解新中国的窗口，他们也因此成为1949年以后成长在红旗下的直接接受和传播法兰西文化的先行者。

虽然由于特殊原因，这两批留学生在1967年就提前结束他们的留学生活，但是，在1972年中国加入联合国、中西方外交文化交流加强后，他们中大多数人成为外交、外贸、新闻媒体、教学科研等部门的中坚骨干力量，成为继40年代留法学子后又一批在中法之间起到承上启下作用的重要的文化外交使者群体。今天在书写中国留学史的时候，他们留下的资料虽然不多，却不能遗忘这批重要的留学先锋的历史作用。特别是他们回国之后，有些人为国家作出了特殊贡献，如1964年赴法的张月姣学长，她是中国首任世界贸易组织上诉机构前大法官、机构主席。2018年12月，党中央、国务院授予她“改革先锋”称号，荣获改革先锋奖章，获评“对外开放法制建设的积极实践者”。2019年12月，张月姣实至名归地入选“中国海归70年70人”榜单，这也是欧美同学会的骄傲。

进入20世纪70年代，留学史还有一笔可追述：1971年10月，第26届联合国大会通过决议，恢复中国在联合国的合法席位。1972年2月，美国总统尼克松访问中国。1972年12月，中国政府再次决定适当向国外派遣留学生。当时周恩来总理特别授命外交部把“文化大革命”前在各外语学院附中学习了三年的学生召回，精选一批人员送出国留学，同年即向法、英、美、德等西方国家及东欧国家派出语言进修生，培养翻译人才，以后每年不断增加。其中，许多人成为外事工作的骨干人才，如赴英国的杨洁篪、龙永图、周文重等，赴法国的董津义等，赴德国的史明德等；也有女性佼佼者，如杨洁篪夫人乐爱妹，赴美国的章启月等。妇委会东欧分会的刘垣垣委员正是在1972年被选派（1984年再次选派）捷克留学的另一代，曾任我国驻波兰格但斯克总领事。截止到1978年，共向49个国家派出留学生或进修生1977名。在“文化大革命”后百废待兴之时，有序、适当地向国外派遣留学生，对当时我国急需的科研、外交、教育等部门高层次人才是最恰当的补充，并且为后来大规模东西方文化交流奠定了基础。

在本节中，我们不仅介绍64届留学古巴的陈红娣学长家庭，还将向读者们讲述65届留法学子、欧美同学会妇委会副主任于德芬、张铁臣夫妇的故事。

【参考文献】

[1] 蒋菁. 中国社会主义道路选择问题研究 [M]. 北京：五洲传播出版社，2016.

[2] 欧美同学会 · 中国留学人员联谊会. 欧美同学会简史（1913—2013）[M]. 北京：华文出版社，2014.

[3] 王辉耀，苗绿. 中国留学发展报告（2017）[M]. 北京：社会科学文献出版社，2017.

[4] 王辉耀. 当代中国海归 [M]. 北京：中国发展出版社，2007.

[5] 一九六四级，一九六五级留法学生. 金色的回忆：新中国首批留法学生的故事 [M]. 郑州：黄河水利出版社，2013.

我家的『C位』——于德芬

于德芬，1946年生于山东蓬莱。1956年来到北京，她勤工俭学、奋发努力、不负韶华；1965年以优异成绩从北航附中毕业后被公派到法国巴黎大学留学；1970年被国家分配到信息通信领域工作，一直到2000年在工信部退休，至今仍然发挥余热（包括一直以志愿者身份参加欧美同学会等公益活动等）。欧美同学会妇委会副主任，留法分会学长。

我和于德芬是1965年在高等教育部的公派留学生集训班上认识的，从此结下了不解之缘。我们是巴黎大学同一个班学习的同学，毕业后又分配到同一个单位工作成为同事，后来又成为生活在同一个家庭的成员。她是我们家户口本上的“户主”，是我家日常生活的“中心”和名副其实的“C位”。这里就简要说说这位“C位”吧！

故乡呵护留守娃　穷人孩子早当家

1946年，于德芬出生在山东蓬莱一个名不见经传的小山村，由于当时“男尊女卑”的缘故，家里人给她起名“换子”。当时“仙山琼阁”硝烟弥漫、民不聊生，父母逃荒，于德芬成了村里的一名“留守儿童”。她从小由姥姥和小姨带大，受到村民们的疼爱，尽享“吃百家饭”的呵护和穷乡僻壤的“温馨”！

1956年，于德芬的父亲在外打拼并成为北京日报社的细木匠，母亲成为报社的帮厨工，她不得不独自背井离乡到北京帮忙做家务。作为“穷人家的孩子”，她在家要看护弟妹、洗衣做饭，忍饥挨饿攒学费、据理力争续学籍；作为“带口音的外地生”，她在学校要面对各种冷嘲热讽，卧薪尝胆并发奋图强争“第一”。她在1959年以优异成绩考上北京女十二中（原教会学校“贝满女中”）；1962年考上市重点北航附中，期间担任学习委员；1965年高中毕业，被保送大学，被国家公派到法国留学，演绎了“丑小鸭变天鹅”的故事。

勤工俭学承大志　不忘初心为中华

1965年，于德芬与留法同学一起前往法国学习，并像周恩来和邓小平等革命前辈那样组织了勤工俭学活动，她在修理组，我在缝纫组。回国后在唐山军垦农场锻炼了两年，于1970年被分配到北京电报大楼工作，她是报务员，我是营业员，就此与我国信息通信业结下了不解之缘。

半个多世纪以来，于德芬在这一行先后担任过北京电信局的国际报务员、邮电研究院情报所的国际情报翻译及研究员、联合国国际电信联盟高级同传、中国通信学会学术部副主任、邮电部翻译公司联络部主任和中国通信企业协会国际联络部主任等，2000年退休后还继续在此领域发挥着余热。她认为自己能亲身参与、亲手促成并亲眼见证中国信息通信产业从1G空白、2G落后、3G跟随、4G并行到5G领先的发展，是我们这一代人“值得骄傲的回忆”和“应有的担当”。

风雨同舟成正果　贤妻良母好管家

1972年，北京电报大楼成了我们的“红娘”！50年来我们从未忘记这位“恩人”。无论我们举办婚礼、蜜月旅行、衣锦还乡、喜得千金，还是退休离别，我们都要向它表示一下敬意（退休后我们每次去部里开会办事也要去看望一下）！这让我想起带于德芬第一次回石家庄（原北京军区干休所）探亲的情景。

我的父母都是身经百战的老革命军人、思想开明的老党员，对我们这一段特殊姻缘非常满意。亲朋好友都来恭贺新禧，家里热闹非凡。弟弟妹妹都很喜欢她，见人就夸嫂子，把她当“老大”，有什么私密话都愿意和她分享，有什么苦恼和问题都愿意请她帮助，父母走后也一直如此。

于德芬常说，我们从留法同学到电信同事，从相识相知到不离不弃，从为共同事业拼搏到携手发挥余热，从美丽的朝阳到美好的夕阳，就是人间传说中的“缘分”；我们在学习中互相帮助，在工作中精诚合作，在生活中同甘共苦，在家庭中互相呵护，就是人间传说中的“大爱”。有了这份“缘分”和“大爱”的结合就一定是“幸运儿”和“幸福的女人”！她坚信“幸福的女人”就是“出门有事做，回家有人疼”！

1976 年，我们的独生女儿亚宁在唐山大地震前五天出生。于德芬在邮电总医院（协和医院西院前身）做了一个大胆而非常英明的决定，剖宫产生下这个女儿，我们感到非常庆幸。几天后的大地震暴雨倾盆，产妇都躲进医院准备的大巴车。唐山运来的伤员挤满一院子，医生护士根本就顾不上产妇。她成了家里的“大功臣”，也成了我家名副其实的“C 位”！从那以后就是我“掌勺”、她“掌柜”！虽然这是玩笑话，却说明了于德芬的“担当”！后来为了供孩子上南京邮电大学，我的工资全部给孩子上学用，于德芬的工资供我们两人生活。她开玩笑说原来是“嫁鸡随鸡，嫁狗随狗”，现在是“嫁鸡养鸡，嫁狗养狗”。后来孩子得了重病，为了给孩子治病，我们预约了最好的医生；为了支付孩子的医疗费，她宁愿自己节衣缩食，拿出了家里的全部积蓄。这让我觉得“可怜天下父母心”中的“父”字可以省略，变为“可怜天下母心”了！

知恩图报还夙愿 知足常乐绘晚霞

2000 年是个令人难忘的“千禧年”。这一年于德芬也办理了退休，我们都被返聘去继续发挥余热，有更多时间和精力参加社会公益活动，这样我们就有条件完成我们“知恩图报”的夙愿了！其实她 20 世纪 70 年代初期就参加了欧美同学会，后来她还担任了留法分会秘书长、副会长、总会理事和妇委会副主任等职，目的是可以为留法同学和其他同学多做些公益服务工作。几十年如一日，心甘情愿，无怨无悔。为了更好地给父母调养治病，她积极主动地改善他们的生活质量并负担其高额费用；为了更好地照顾蓬莱老家从小把她带大的小姨，她专门在离老宅不远的地方买了海景房，把小姨接来同住；为了留住那些温馨的记忆并报答老同学和同事们的关爱，她在北京郊区租地筹建了“于张田园”，请大家一起品茶赏景、休养生息、与大自然零距离接触。她从来没有忘记国家的培养和别人的帮助，“吃水不忘挖井人”，她要尽其所能报答他们！

于德芬就是这样一个对祖国讲忠诚、对朋友讲义气、对前辈讲孝敬、对自己讲自强的普通人，一个“富贵不能淫、贫贱不能移、威武不能屈”的性情中人！在我看来，她永远是那个“激情燃烧的岁月”的“奋斗者”，永远是那个“义薄云天、忠孝两全”的“山东人”，永远是那个“知足常乐、童心未泯”的“小女生”！

家风传承 最美家庭

——记陈红娣、麦国彦夫妇

陈红娣，20世纪60年代初期赴古巴公派留学，70年代初期开始从事外交工作。担任欧美同学会拉美分会第四、第五届理事会副会长，同时承担秘书长工作十余年。作为欧美同学会拉美分会领导和妇女委员会委员，她十余年来在促进民间外交方面做了大量工作，每年组织或参加拉美各国使馆的文化交流活动达50次以上。曾被评为外交部优秀党员和欧美同学会优秀留学人员工作者。2020年陈红娣家庭被评为全国妇联“最美家庭”。

热心肠的大姐

陈红娣、麦国彦一家荣膺全国“最美家庭”称号，微信朋友圈里祝贺声、赞扬声响成一片，大家表示很羡慕。我也从心里替他们高兴。

回想起第一次与两位学长相识，还是在二十多年前。

我入部工作时间比较晚，第一次到朝内大街225号那栋大楼的办公室上班时，已过不惑之年，一切都要从头开始，初来乍到的恓惶有时让我无所适从。

一天下午，办公室里只有我一个人，同事们都去忙别的事了。我接到“归档”的任务，守着一堆文件不知从何处下手。正在发愁之际，红娣大姐走了进来。她看我懵懵懂懂的样子，说了句“弗要紧”，就从分类、建目录开始，一点点教起来，直到怎样装订，卷宗缝几针，怎样打结。她一边说，一边做示范。

时间长了，接触多了，我知道这是位热心肠的老大姐，爱管“闲事”。在楼道里遇到生面孔，她会主动走过来给我做介绍，让对方多关照我这个“新兵”。她还告诉我，司里有两位“wang大使”，其实都不姓“王”，而姓“黄”。

“上海人‘黄’‘王’不分的。”红娣大姐解释道。

红娣大姐心直口快，语速也跟得上，看到该说的、该管的，就忍不住要说一说，也不管对方爱不爱听。你若心不在焉，或是嫌烦，把脸扭过去，她也不会“善罢甘休”，而是上前一步，用胳膊碰碰你，那意思是说：“嘿，说你呢！”让你不听也得听。这种性格实属难得，也让初入机关的我感到温暖。

那时国门初开，“旅游热”方兴未艾，外国人像赶集一样来到这个东方古国，掀开面纱，一探究竟。到了夏天，机关工作不忙时，司里会抽人到旅游局帮忙当“全陪”。在办公室坐久了，出去走走，还能交几个朋友，是个不错的差事。不过这差事也挺辛苦，顶着太阳陪外国人在景区逛，讲得口干舌燥，走得两腿发软。分手时，有些游客会送纪念品或给小费以表谢意。实在推不掉，且数额不大，一般也就“笑纳”了。后来听说麦、陈二位陪团回来后悄悄地把小费全上交给了司里，一点儿不留，这让我很惊讶。

时间的砂纸也没打磨掉红娣大姐的热情和光彩。退休之后，我们都进入了山林寂静、流水无痕的“第三年龄”，将人生的主战场转移到了家庭。有的游泳打拳，闲庭信步；有的写字画画，遣兴自娱；也有的像我一样，涂涂写写，回味有悔和无悔的往事。总之，都在放松“油门”，让生活的“快车”慢慢减速，红娣学长却再次进入灼灼其华的高光时刻——她似乎比以前更忙。

每次参加拉美使团的活动，都能见到国彦、红娣两位学长的身影。在这个圈子里，一提红娣大姐的西语名字 Maria，几乎无人不知、无人不晓。这些拉美外交官有时搞活动，需要有人来捧场，只要把人数告诉这位“编外助理”，就完事大吉，因为她总能把大事小情都安排得明明白白。

在红娣学长的鼓动下，我加入了欧美同学会拉美分会。我以前对这个组织了解不多，只知道它在菖蒲河边有个大宅子。那年春节，我去参加联欢活动，没想到拐进大红门，走进深深的庭院后，里面却热闹非凡。身为分会秘书长的红娣学长正忙着和几个年轻人安排签到，分发礼品，应对电视台的采访，登记捐赠给贫困地区学校的图书……忙得不亦乐乎。她将我领进会场，在早已安排好的座位上坐下，又在几位初次谋面的同学会领导面前将我“隆重推出”。她像一只燕子，在会场里到处飞；活动开始了，她却安静地躲进后排一个不起眼的角落里。

军功章的另一半

说到红娣大姐，不能不提一提她背后的国彦学长（以下称呼为老麦），因为“人道之兴，必由夫妇”，红花离不开绿叶的陪衬，军功章也有他的一半。

老麦“面白，身修，美丰仪”，是个举止合范、进退有度、谦谦君子般的人物，衬衣总是熨得平平整整，头发总是理得整整齐齐，颇具绅士风度。他虽然年长几岁，却驻颜有术，双鬓鲜有白发，面颊少见褶皱，比我显得年轻。

老麦话语不多，谦逊克制，但缜密细致。有时一起参加研讨会，别人抢着发言，滔滔不绝，他总是在一旁静静地听，默默地记；偶有发声，常一语中的。

老麦是个“知人不言尽，责人不苛尽”的人，对自己有约束，对他人却很包容。有一年，他陪外长“老钱”去秘鲁访问，我在使馆参加接待，负责新闻采访。有个记者不按常理出牌，也不按规矩办事。我那时经验不足，没准备预案，弄得有些被动。幸亏老麦随机应变，堵住了漏洞，才化险为夷，可还是惊出我一身冷汗。事后，他没有一声指责，连“以后要注意”这样的重话都没说，挥一挥手就走了。

退休后，老麦没比上班时清闲多少。红娣学长四处奔走，他开车将夫人送去又接回，指哪儿打哪儿，从不误事。毕竟是上了年纪的人，老麦开车已经失去了速度与激情，让乘车人难以找到“平地飞起”的感觉。但在我认识的京城“车夫”里，他肯定是资格最老、级别最高、文明上岗、服务最好的一个，没有“之一”。

老麦和红娣一对璧人，佳偶天成，风风雨雨几十年，你侬我侬，恩爱不改分毫。我们一起去东欧旅游，老麦对自己的“另一半”呵护备至。贴心服务的项目包括但不限于照相、拎包、搀扶、买冷饮。坐在车上，大家扯着嗓子、梗着脖子飙高音。太太一开腔，不管是阳春白雪，还是下里巴人，老麦必和之，且声音浑厚，字正腔圆。坐在我身边的妻此时便歪过头瞟我一眼，那意思我懂：“看看人家，学学吧！”我于是便对自己五音不全、荒腔走板感到自卑和惭愧，后悔当初没认真上音乐课，光玩儿了，否则也不至于被别人甩下半条街。

忠厚传家的风雅

说到老麦，又不能不提一提他的父母和家庭，因为“圣贤皆出自母教”，好的家庭和风气往往是一个人品质养成的最好环境和土壤。

有一年春节，我带着处里的几个年轻人去东便门外的一个小区给几位同事拜年。北方的冬日，大野苍茫；二环路上却依旧车水马龙，熙熙攘攘。那天刚下过雪，路上结着冰；微风不燥，但凉气嗖嗖，一股寒意从脚踝涌起。

老麦和他的父母住在一栋普通的宿舍楼里。门一开，一股热气扑面而来，随着暖暖的热气一起出来迎接我们的，是老麦、红娣学长和一对慈眉善目、笑容可掬的老人——麦大使的父亲和母亲。

我见过一些退休之后的老干部，虽然赋闲在家，但威严不减，依旧高冷；可眼前这位蔼然老者却如邻家的二叔，一身家居便装，意态潇然，简朴中透着自信、亲和与大气。而女主人——麦大使的母亲，则举止优雅，仪态万方，弯弯的笑眼透出温婉与传统。

阳光洒进客厅，光影斑驳；几棵盆栽在窗下翠绿着，透出勃勃生机。房间很宽敞，收拾得很干净，但并不奢华。没有名人字画和古董，也没有高档的家具与电器。长长的阳台上不见任何杂物，只停着一辆运动型自行车，给居室增加了动感和生气。

老爷子陪着我们“视察”了各个居室，指着陈列架上一个个小玩意儿讲述着它们的来历。老奶奶叫人端过来茶水和零食，让我们“甭客气”。身为家庭长子的老麦忙前忙后地张罗，作为儿媳的红娣扶着婆婆的肩头亲如母女。和我一起去的无锡姑娘小管一口一个“爷爷”“奶奶”叫着，声音比她的家乡特产——糖醋排骨还甜。

我那时还没从丧母之痛中缓过劲儿来，仿佛心缺一块、地缺一角；到了晚上，独坐桌前，一灯萦然，便感到寂寞凄清，心就不由自主地回到东城那座小院，想起以往家人闲坐、灯火可亲的时光。此时此刻，窗外天寒地冻，屋内温暖如春，久违的、浓浓的、稠得化不开的天伦之情又出现在我眼前。这一家人，日子过得普普通通，但默契温暖的爱意却耀眼夺目。忠厚传家的风雅，尊亲尽孝的人伦，母慈子恭的礼节让我心旌摇荡、感慨万分，仿佛在一片枯草之中踏雪寻梅，看到了一树花开，碧水萦回。

从麦大使家出来后，我又去了住在同一小区的原驻秘鲁使馆经商参赞“王老板”家。这是位风趣幽默的“老外贸”，在商务圈中干了一辈子，不久前刚从国外打道回府退了休。我问他最近在忙什么，他说正在四处“踅摸”好牙医，为自己那一嘴三十几颗“不可再生资源”找个好的“看护人”。说起“麦经理”——麦大使的父亲，他一脸崇敬，连称是个“好人”。

我问“王老板”：“麦经理长期在香港工作，又是一家知名公司的高管，履历‘金光闪闪’，事业一路昂扬，怎么家里朴素得和一般工薪家庭没什么太大区别？”他说这没什么好奇怪的，那时的干部都是这样，为国效力，而不为自家“稻粱谋”。

说起老麦一家人，“王老板”一改平日的嘻嘻哈哈，很认真地对我说，一个好的家庭，就像上海复兴路、淮海西路一带那些钉着“优秀历史建筑”铭牌的小楼，展示着风采，诉说着智慧，让人赏心悦目。而一个好的家庭离不开好的家风，它对家族子弟有熏染作用，潜移默化，润物无声；从某种意义上说，它比那些人生指南、心灵鸡汤更能造化人。即使在社会中，多数人随波逐流时，也能让他的子弟晓天下、明事理，在沼泽中守着底线和做人的尊严，而不失去生活的准星。

道德传家久　家风继世长

“一程山水一年华，一世浮生一刹那。”转眼间，二十多个寒暑过去了。如今，麦大使的父母均已作古，可是他们的身影还在我眼前闪动，他们良好的家风也传承了下来。国彦、红娣学长虽然长期驻外，未能全程陪伴孩子的成长，但家风俨然，他们的女儿同样热心公益，取之于世者少，奉之于人者多，做志愿者已多年。

全国“最美家庭”后继有人。

第二节　改革开放 40 多年以来

涓涓细流成江河，归来筑梦正当时
——中国改革开放 40 多年留学史回顾

2013 年 10 月 21 日，在欧美同学会成立 100 周年庆祝大会上，习近平总书记指出：“改革开放以来，党中央和邓小平同志作出了扩大派遣留学生的战略决策，推动形成了我国历史上规模最大、领域最多、范围最广的留学潮和归国热。”

邓小平同志在 1978 年 3 月召开的全国科学技术大会开幕式上说：“任何一个民族、一个国家，都需要学习别的民族、别的国家的长处，学习人家的先进科学技术。我们不仅因为今天科学技术落后，需要努力向外国学习，即使我们的科学技术赶上了世界先进水平，也还要学习人家的长处。”

改革开放初期，我国对人才的培养提升到了前所未有的国家高度，除了自己培养，还要派出去学习。留学教育是改革开放的重要组成部分。1978 年 6 月 23 日，邓小平同志在听取教育部关于清华大学的工作汇报时，对派遣留学生问题作出指示：“我赞成留学生的数量增大……要成千成万地派，不是只派十个八个。”这一指示拉开了中国大规模派遣留学人员的序幕，中国留学史从此进入了一个全新的时代。

我国自1978年开始扩大派遣留学生规模，10年间，每年公派留学人数从原来的不到1000人增加到3000多人，美国、英国、德国、法国、日本这些发达国家都有中国派出的留学生。这些留学生在海外学习最先进的知识、科学技术和管理经验，学习国外先进的文化，回国后大都成为各自领域的领军人物，在中国改革开放和经济社会发展中发挥了重要作用。在那个特殊的新旧交替历史时期，长时间的精神压抑被解放后，国人发现所有的事物都是前所未有的新鲜，而被新鲜事物包围的自己也是从未有过的年轻。强烈的求知欲和出门看世界的渴望在越来越多年轻人心中激荡。中央电视台播出的《Follow Me》（跟我学）英语教学节目风靡一时，成为留学生学习英语的途径。

1978年12月26日，中美建交前夕，中国派出首批52名（其中包括6名女性）优秀人才队伍启程赴美。这是中国改革开放走向世界的重要一步。当年的领队柳百成回忆，小平同志说了三句话："好好学习，学成回国，报效祖国。"他清楚地记得飞机落地后，来自北京协和医院的吴葆祯大夫代表大家用英语宣读了他们在飞机上早已起草好的声明，声明最后几句是"中国人民是伟大的人民，美国人民也是伟大的人民。我们不仅为学习美国先进的科学技术而来，也是为促进中美两国人民的友谊而来"。"首航者"们为了能向全国人民交出一份合格的考卷，于大洋彼岸如饥似渴地学习，在大学里往往一杯咖啡顶一天，早上七八点进去，凌晨三四点出来，图书馆、实验室、计算机房是他们的常驻地。这也是那个年代中国留学生在海外最常见、最经典的形象。两年后，这52名留美学者全部学成归来报效祖国，后来其中17人成为院士。

1984年，国家颁布了《国务院关于自费出国留学的暂行规定》，正式对自费留学生敞开大门，"出国热"在全国迅速升温。市场化改革迎来自费留学大潮，中国人以前所未有的热情和斗志投身其中。20世纪80年代末到90年代，在一些学习精英中开始涌现个人通过托福考试，申请国外大学奖学金的出国留学方式。中国留学生在海外学习的专业也逐渐从科技领域扩展到经济学和社会管理学领域。越来越多的青年到国外留学，学成之后回国，大多数人都成为中国各领域的“领航者”。

1992年邓小平视察南方，发表了一系列重要谈话，改革开放进一步深入，社会经济快速发展，“海归”成为中国现代化建设的重要力量。“支持留学、鼓励回国、来去自由”被确立为留学海归政策的指导思想，“出国热”再添一把火。随着留学不再受限以及人们收入增加，出国留学逐渐从只属于少数人的精英化走向了大众化。此时，互联网这项科学技术正在太平洋彼岸落地开始商业化，展现出迷人魅力。中国正在迎接这股改变世界、改变未来的互联网冲击波。越来越多的人加入中国互联网大潮中，“海归”抓住先机在这一时期悄然入局，日后他们中有人成为中国互联网“大佬”。

进入21世纪，国家出国留学的方针得到很好的贯彻，公派出国留学政策在培养高层次留学人才方面持续发力。2003年，“国家优秀自费留学生奖学金”项目开始设立。2007年，“国家建设高水平大学公派研究生项目”启动，我国留学生公派规模首次突破1万人。这是新时期我国教育继续扩大改革开放的重要标志之一，也是对1978年邓小平同志关于扩大派遣公派留学生指示要求在新时期工作中的全面落实，是我国公派留学工作一个具有战略意义和历史意义的里程碑。与此同时，自费出国留学限制被彻底废除，自费留学人数大幅增长。2018年，我国留学人数突破66万大关，其中自费留学生占90%，成为绝对主流。随着我国综合国力蒸蒸日上，留学潮如滚滚洪流奔涌向前。出国留学逐渐呈现出低龄化的趋势，越来越多的普通家庭加入送子女出国留学的队伍中。中国已成为全球最大的留学生输出国，留学生遍及100多个国家。几个传统的留学大国，如美国，自2016年起，每年中国赴美留学生超过35万，申请本科生的人数已多于研究生；2019年中国赴英国留学的人数超过14万（数据源于“新东方前途出国”微信公众号）；每年有超过1万名中国学生赴法国留学，2016 年在法就读的中国留学生达到 3.5 万人（数据源于出国留学网）；2020 年有超过 4.2 万中国公民在俄罗斯留学（《北京青年报》）。近年以来，“一带一路”沿线国家成为新的热门留学目的国。

走出去，是时代潮流在推动。归来时，是时代潮流在召唤。

改革开放以来中国取得的巨大成就吸引着留学生归来，国内广阔的发展前景为他们注入了底气和信心，国家专为归国人才制定的各项优惠政策助推了归国热潮。党的十八大发出了“广开进贤之路，广纳天下英才”的号召。2013 年，习近平总书记作出指示：“党和国家将按照支持留学、鼓励回国、来去自由、发挥作用的方针，把做好留学人员工作作为实施科教兴国战略和人才强国战略的重要任务……使留学人员回到祖国有用武之地，留在国外有报国之门。”

越来越多的青年选择回国就业和创业，在各行各业发挥自身优势和作用。据统计，1978 年至 2019 年度，各类出国留学人员累计达 656.06 万人，其中，165.62 万人正在国外进行相关阶段的学习或研究，490.44 万人已经完成学业，423.17 万人在完成学业后选择回国发展，占已完成学业群体的 86.28%。“拥有国际化视野”是“海归”的核心竞争力，为国家发展深谋远虑、献计献策；围绕国家创新发展开展先导性、战略性和突破性研究，充分凸显国之重器的力量。长江学者、“973”计划和“863”计划首席科学家等拔尖人才，绝大多数都有海外留学的经历，并且大都在国外取得博士学位。近年增选的两院院士，拥有留学经历者高达 90% 以上。

新时代海外学子的归来，给当代中国社会带来的影响是全方位的。今天的留学生已不局限于单一的归国服务的传统模式，他们注重创造，创业热情高，还创立了中外结合或来去自由的国际合作新方式。留学生与中国社会文化的联系比以往任何一个时期都更为紧密，留学生在中国社会进步中的作用也比以往任何一个时期都更为突出。在 2018 年国内经济转型升级、建设创新型体系的时代背景下，日益扩大的海外留学归国群体成为科教文卫领域的栋梁、科技力量创新的重要推手，成为国内未来继续开放革新的重要力量。

中国的高速发展深刻地影响着每一个身处其中的人，在不断富裕、开放的环境下，中国人获得更多样的选项来决定自己的命运，同时也给世界不断带来新的思想、新的科技、新的机遇。“讲好中国故事”是新时代留学生的又一使命。留学生真正成为中国联结世界的纽带，中国文化的世界化从来没有像今天这样广泛而深入，中国人对世界的了解和认知也从来没有像今天这样深入和准确。

一代代留学生为中国的社会经济建设和发展输入了不竭的新鲜血液，拉近了中外教育、科技的距离，推动了中外人文交流，提升了中国在国际社会的影响力。习近平总书记在欧美同学会成立 100 周年庆祝大会上指出，“广大留学人员积极投身改革开放和社会主义现代化建设，积极推动我国同其他国家各领域交流合作，为推动我国经济社会发展作出了重要贡献。实践证明，广大留学人员不愧为党和人民的宝贵财富，不愧为实现中华民族伟大复兴的有生力量。党、国家、人民为拥有并将更多拥有这样一大批人才而感到骄傲和自豪”。这是对广大留学人员莫大的肯定和鼓舞。

改革开放 40 多年，出国留学从涓涓细流汇成江河奔涌。当年第一批留学生现在已经白发苍苍，他们是中国改革开放、科技发展和经济腾飞的见证者和参与者。看世界、学习他人之长是他们的共同渴望，报效祖国、振兴中华是他们的共同心声。今天留学生负笈海外，学本领、长见识、丰富人生经历，仍“进而不忘根，退而不忘本，心向祖国”。多种形式为国服务，无论是学成归来，还是留在当地，都与中国的发展密切相连，与改革开放同步成长。伴随着一拨拨留学潮和回国热，欧美同学会日益发展壮大，组织体系不断完善。1981 年 4 月，中央统战部同意欧美同学会恢复组织和活动。1986 年 12 月，召开恢复活动后第一次理事会（这时就下设了妇女委员会等五个委员会）。1987 年 5 月，留法分会成立，之后陆续成立留德奥、留英、留加、留意、留苏与独联体、留美、留瑞士、留中东欧、留北欧、留拉美、留日、留朝韩、留东南亚及南亚、留澳新等 15 个国别和地区分会。2003 年欧美同学会增冠“中国留学人员联谊会”会名，现共有 42 家地方组织、两家团体会员，个人会员突破 22 万人。

站在“两个一百年”的历史交汇点，实现中华民族伟大复兴的中国梦从未离我们如此之近。2023 年将是欧美同学会成立 110 周年，广大留学人员定当继承和发扬留学报国的光荣传统，始终牢记“把国家富强、民族振兴、人民幸福作为努力志向，自觉使个人成功的果实结在爱国主义这棵常青树上”，在新时代作出新贡献，在新的历史征程上书写人生新篇章。

【参考文献】

[1] 王辉耀，苗绿 . 中国留学发展报告（2017）[M]. 北京：社会科学文献出版社，2017.
[2]《2019 年度出国留学人员情况统计》，中华人民共和国教育部网站，2020-12-14.
[3]《改革开放 30 年中国迎来最大留学潮》，中新网，2008-09-08.

闪光的年华

——记留日学长陈萍

陈萍（1939—2020），中国感光科学界和印刷领域知名专家，中国科学院理化技术研究所研究员，博士生导师。1939 年出生于天津市，1983—1986 年，以访问学者身份赴日本东京大学访学。1986 年 1 月，获东京大学工学博士学位。1986 年学成归国后，在中科院感光化学研究所建立了我国系统研究银盐扩散转移体系的研究室。自 1992 年起，先后担任中国科学院感光化学研究所副所长、中国感光学会秘书长等职。2012 年获得中国感光学会科学技术一等奖。先后培养了 30 多名硕士研究生、博士研究生，发表了百多篇学术论文，申请和授权十多项发明专利，撰写《永存的视觉》一书。留日分会第一至第四届理事，第一、二届副会长。

东京大学工学部第一位外国女博士

1983 年，陈萍经中国科学院选送，由中国教育部资助，以访问学者的身份被派遣到日本学习。1983 年 1 月 6 日，陈萍第一次踏入东京大学的校门。20 世纪 70 年代轰动化学界的“本多 - 藤岛效应”（本多键一和藤岛昭两人的合作研究成果）使陈萍早已慕名，本多键一研究室的光催化研究方向也跟陈萍的感光化学方向很契合，时任中国科学院感光化学研究所的江龙教授（现中国科学院院士）指点陈萍，去留学就要去最好的学校，在他的推荐下，经日方的面试，陈萍如愿以偿地得到了在本多键一研究室，其后为藤岛昭研究室进修的机会。本多键一研究室坐落在东京大学本院最北面的五号馆，陈萍就是从这里开始了她的留学生涯。

来到异国求学，陈萍感到必须刻苦努力才能有所收获，虽然她的居住地离东京大学较远，但是她每天早上 7 点半之前就赶到研究室。然而与她在同一个办公室的藤岛昭老师比她到得还早、走得更晚。这使陈萍受到感染，她想自己本来就是出来求学的，那就更不能懈怠了。从那以后，陈萍坚持早来晚归，日复一日，经常是赶最后一班公交车，夜间 11 点多回到居住地，再一边吃晚饭一边看电视学日语。

陈萍出国前的研究方向是感光化学，在本多键一研究室她选择了电化学的方向，这使她在感光化学的基础上掌握了更多的知识和研究手段。20 世纪 80 年代的日本，计算机使用还不发达，当年的实验数据画图完全是手工的。陈萍每天拿着各种型号的尺子将各种不同大小的数字、字母和线条画来画去，然后花很长时间把那些实验数据整理成一幅幅漂亮的曲线图。功夫不负苦心人，其中有很多实验图都载入发表在日本和美国杂志的论文里。

本多键一研究室有非常好的国际化研究氛围，陈萍开展了感光化学相关的电化学研究，利用当时比较高端的仪器旋转环盘电极（RRDE）观察感光过程中的氧化还原反应，以捕捉显影初期的氧化还原过程，这是当时的先进技术。陈萍很快撰写了她的第一篇科研论文，并得以发表。

陈萍在东京大学工学部实验室

陈萍到日本之前学习过一些日语，但水平有限，到研究室后想继续听课学习，藤岛昭老师对此没有给予支持。他说："……你到这儿来是要学习技术和方法的，那是用钱买不到的。"两年间，陈萍通过自身努力与老师、同事进行学术讨论，与房东夫妇、朋友交流及书信往来，日语水平得到长足进步，不仅能用日语和多方面人员进行交流，而且可以在会议上做学术报告。一次在京都出席日本写真学会，陈萍用流利的日语做学术报告并回答现场提问，获得了两次热烈的掌声。在日本学会会议做报告能受到两次鼓掌待遇，实属少见！

陈萍的刻苦努力，得到两位教授的赞赏。他们不仅要求其他日本同学向陈萍学习，而且提供经费支持改善实验室的检测条件，使陈萍的实验可以得到更完善、准确的结果，更是鼓励她申请东京大学的博士。两年间的奋斗与拼搏，陈萍发表了10篇学术论文，获得了申请东京大学博士的资格。按照我国对访问学者出国访学的要求，原则上是不转读学位的。1985年1月，陈萍结束访问学者身份按期回国。在当时的中科院感光化学所所长的支持下，得到日本学者的经费赞助，1985年6月，陈萍再赴东京大学，进行了两个月的科学实验，又发表两篇学术论文。1985年11月—12月，陈萍以优异成绩陆续通过了物理化学、英语、分析化学、有机化学等博士专业课程考试，之后进行论文答辩。陈萍的博士论文答辩题目是《用电化学的方法研究感光化学中银盐扩散转移过程》，她按照藤岛昭教授的严格要求（时间控制在55—60分钟，日语讲述要逻辑明确、表达清楚），只经预答辩过程就顺利通过。陈萍作为访问学者来到本多键一研究室时，中国留学生仅她一人。1986年1月，陈萍成为日本东京大学工学部首位外国女博士。这个消息一经传出，不仅在日本，而且在国内都引起高度关注。1988年1月，陈萍到东京开会时，受到《产经新闻》记者采访，并于1月21日以《东大留学，获得博士号的陈萍》为题进行了报道。此后，《光明日报》记者采访陈萍后，于1991年4月19日，以《女博士陈萍》为题进行了报道。

作为中日科技交流的民间使者，努力推进我国应用科技成果的产业化

陈萍在东京大学访学期间，还经常与日本写真协会各方面的专家、三菱制纸公司研究所所长以及富士胶片公司研究所主任、国际影像技术学会主席等进行交流与合作，得到了他们热心的指导和帮助，拓宽了科技研究的视野。

1986 年，陈萍回到了中国科学院感光化学研究所；1987 年，被评为副研究员，任研究室主任；1990 年晋升为研究员；1992 年任职感光化学研究所副所长。陈萍回国后建立了国内唯一的研究银盐扩散转移体系的研究室和电化学研究平台。当时为了让陈萍回国后顺利开展实验，藤岛昭教授送给她一套旋转环盘电极（RRDE）电化学装置，其中包含十多个电极和部件，每一个电极价值都在 10 万日元左右。不仅如此，藤岛昭教授关于“对有创新价值的文章，要坚持准确和尽快发表；搞应用性科研，一定要对国家和社会都有应用价值”的观点对陈萍有很深的影响。

陈萍课题组多年积累的感光领域银盐扩散转移体系，刚好可以用于新型快速直接制版印刷材料。在日访学期间，陈萍曾经在学术会议上与日本三菱制纸研究所二木清所长相识，并受邀到该所参观交流，当年她就知道该所开发的照相直接制版就是利用银盐扩散转移原理制成的。1986 年，陈萍课题组接受国家新闻出版署的任务，利用原有的基础，短时间内成功研制了快速制版印刷材料，从此跨界踏入了印刷领域。1995 年，计算机直接制版（Computer To Plate，CTP）问世且发展迅速，这也为陈萍研究工作的跨越提供了机遇。陈萍课题组紧跟形势，发挥自身优势，在国家自然基金委和中科

院创新工程的支持下，他们利用银盐扩散转移原理成功研制了 CTP 材料，完成了从照相直接制版过渡到计算机直接制版材料的研发与中试，其作为实现印刷、制版过程数字化的高新技术，攻克了材料与工艺等诸多方面的关键难题。2003 年，在广东省建立了国内第一家银盐计算机直接制版版材生产基地，建立第一条银盐 CTP 生产线，成功地实现了科研成果的产业化。这个项目得到中国科学院知识创新工程、国家“863 计划”以及国家发改委的支持。其产品以质量高、价格低的优势，适用于《人民日报》《北京日报》《羊城晚报》等平面印刷媒体，出口到欧洲，得到很高的评价，并形成了与国外跨国公司竞争的格局，打破跨国公司在中国的垄断地位。该项目被列为国家发改委新材料领域示范工程，并获得十年优秀成果奖。2006 年，该项目被列为新材料领域十大新闻之一，位居前五名。2007 年，《科技日报》对陈萍进行了专访，并在 11 月 13 日做了整版报道。2012 年，陈萍获得中国感光学会科学技术一等奖。陈萍所带领的研究室在银盐计算机直接制版材料研究方面一直处于国内领先地位。他们不断开辟新的研究领域，开展具有良好应用前景的聚噻吩衍生物类导电聚合物方面的研究，建立了独特的真空自组装方法和可控制备一维、二维、空心及核壳等不同结构的 PEDOT 纳米复合材料，先后培养了 30 多名硕士研究生、博士研究生，发表了一百多篇学术论文，申请和授权十多项发明专利，撰写《永存的视觉：走进感光化学世界》一书。

陈萍担任感光化学所副所长期间，先后与日本感光色素研究所、柯达公司等国外机构开展了深入的国际合作，并从国外引进多名优秀科技人才。她担任中国感光学会秘书长、常务副理事长期间，面对感光科学领域面临的挑战，她开展了卓有成效的工作，保持并提升了中国感光学会的影响力。陈萍与日本山野贸易公司一起，积极促进中科院感光化学所与日本感光色素研究所合作，建立中日友好所关系。1988 年前后，有机存储光盘成为国际存储材料的研究热门。两个研究所一直到 2003 年还就此课题保持合作研究关系，日方提供相关色素，陈萍课题组研究菁染料有机存储光盘材料，先后培养了4名硕博研究生和1名博士后，在国外杂志上共同发表了十多篇文章，获得2003年日本冈山市“山阳科技奖”。与此同时，陈萍课题组参与了清华大学和中国科学院承担的国家科技部“光盘存储器件与材料”863重大项目，通过国家级验收，取得了很好的成绩。

赠人玫瑰　手有余香

“科学家的另一个含义必须是教育家。”陈萍兼二者于一身。陈萍回国后，跟藤岛昭研究室一直保持着密切的联系，共同培养提携后辈。她与后来在藤岛昭研究室进修学习的几位颇有成就的学子，如刘忠范、蔡汝雄、姚建年、江雷、只金芳等人都有深厚的渊源。1985年夏，蔡汝雄和刘忠范先后考取藤岛昭教授博士生，陈萍正好在东大，就陪同藤岛昭教授分别对他们进行了面试。江雷、只金芳都是陈萍推荐给藤岛昭教授的。1995年，陈萍还为自己的硕士生孙任德争取公费留日名额，并推荐给藤岛昭教授攻读博士学位。对几位学成归国的留学生，陈萍尽其所能帮助他们解决工作和生活问题。陈萍协助刘忠范与电化学专家蔡生明教授多次接触和交流，最后终于使他到北京大学工作。1995年姚建年回国，陈萍多次到中科院人事局争取留学回国人员职位，同时争取到一套三居室住房，确保姚建年全家顺利到感光所工作。陈萍主动将自己招的一名优秀的研究生转拨给姚建年指导，协助他尽早顺利开展研究工作。陈萍不仅支持只金芳到中国科学院理化技术研究所（原中科院感光化学所）工作，还为她争取到中国科学院百人计划的资金支持。姚建年于2005年当选中国科学院院士；江雷于2009年12月当选中国科学院院士，2012年当选发展中国家科学院院士。作为他们的同门师姐，陈萍在他们为中国的科技事业建功立业的征程中起到了铺路搭桥的作用。

脸上总是洋溢着和煦的笑容，年逾古稀依然奋战在科研一线，一生致力于留学报国，成果丰硕，荣誉无数，谦和待人，德高望重，对工作严谨认真，对后辈关怀有加，这就是留日分会的众多学长对老前辈陈萍学长的印象。说起与欧美同学会的缘分，还要追溯到20多年前。20世纪90年代中期，为了更好地团结归国留日学人，欧美同学会准备组建留日本分会。时任总会副会长王乃与全国人大常委会副委员长、中科院院长路甬祥共同商量筹建留日本分会事宜。鉴于陈萍坚定的报国热情和突出的工作业绩，被推荐协助黄荣辉院士参与筹建欧美同学会留日本分会各项工作。1999年8月7日，欧美同学会·中国留学人员联谊会留日分会正式成立。陈萍是第一至第四届理事，第一、二届副会长。陈萍学长在担任留日分会副会长期间，积极参与分会工作，为留日分会的组织筹建和发展作出了重要贡献。她科学安排时间，用实际行动践行着自己“会积极参与留日分会工作”的承诺。每逢理事会，陈萍学长总是尽可能出席，她对留日分会工作的建言献策，也得到了理事会成员的高度肯定。

2016年1月28日，留日分会拟举办“纪念留日120周年暨新春联谊会”，而此时距离春节不足十天，且很多单位已进入“准假期”阶段，这给筹备工作带来了一定的难度，而更大的难度是资金问题。陈萍得知这个情况后，毫不犹豫地第一时间真诚表态“我先拿出5000元吧”，这掷地有声的一句话，就像严冬里的一把火，用熊熊的火光照亮了大家的心。榜样的力量是无穷的，随即留日学长纷纷表态并慷慨解囊，共同唱响了无私奉献、战胜艰难的主旋律，这不仅给筹备小组以极大的精神鼓舞，更为成功举办联谊会奠定了坚实的物质基础。已过古稀之年的陈萍学长还亲自参与节目的策划并领衔小合唱，以一首《北国之春》深情地表达了对中日友好的期望，赢得了在场留日学人的热烈掌声。

陈萍学长（中）在“纪念留日 120 周年暨新春联谊会”上演唱

陈萍学长热心公益，积极为留日分会无私奉献，对物质生活没有过多的追求。她在留日分会理事群里不经意地说过这样一句话：“每天忙碌的工作，让我和老伴几乎就没有结婚日和过生日的概念，即便想起也是两碗面条打发了。”质朴的话语，让大家至今记忆深刻。但是，家庭的责任感，她也从未忽略。她会在下班后回家的路上买一些晚饭所需的食材，会在晚上与爱人或儿媳一起炒上一两个拿手小菜，偶尔还会与同在化学领域工作的儿子讨论一些专业问题，甚至在退休后主动承担起辅导小孙子作业的“任务”。这些看似平常的日常琐事，也是她每天“工作”的一部分，虽然平凡朴素，却温暖真实。在这样的家中，陈萍学长曾经招待过多位日本学者，在一起评论家庭食谱的同时促进了双方合作的开展。作为女性科学家，陈萍学长是家庭、事业两不误的楷模。陈萍学长和丈夫屈先生都是专家教授，他们无论在生活上还是在工作上都互帮互助，是一对相濡以沫的伉俪。良好的家风和言传身教，也培养造就了优秀的后代。如今，陈萍学长的儿子也是中国科学院大学材料学院的教授、博士生导师，是学生们心目中的好老师！有着这样特殊人格魅力的陈萍学长，总是受人尊敬和爱戴，是留日学人的楷模。

2020 年 12 月 3 日，陈萍学长因病永远离开了我们。而就在 2020 年 1 月 19 日召开的留日分会理事会换届大会上，她刚接受了留日分会曹卫洲会长亲自授予的第四届理事会退任理事的感谢状。在生命的最后一年，她依然十分关心留日分会的工作。为了不给他人添麻烦，陈萍学长甚至没有向分会透露自己的病情。我们失去了一位德高望重的老学长、老前辈，但更多的留日学人将以她为榜样，继续践行留学报国的光荣使命。

【参考文献】

[1] 客观日本编辑部 . 东大人 -10：中科院理化技术研究所博导——陈萍，客观日本网址：https://www.keguanjp.com/kgjp_jiaoliu/kgjp_jl_renwu/pt20171220 / 00200.html.

[2] 中国感光学会 . 沉痛悼念中国感光学会原秘书长、常务副理事长陈萍同志，发布时间：2020 年 12 月 4 日 .

（素材提供：屈小中、牛忠英、杨志奇、王丽娜、胡薇、于隶群、钟亚平；图片提供：屈小中、杨志奇、王丽娜）

『做好每一件事，自然水到渠成』

——中国第一位民主选举的大学校长吴启迪

吴启迪，1947年生于上海，著名智能控制专家，留学瑞士。同济大学教授、博士生导师；南方科技大学第二届理事会理事、香港中文大学（深圳）理事会成员。1970年从清华大学无线电系毕业后，进入云南省电信局电信器材厂工作；1975—1978年在北京电子工业部标准化研究所工作；1981年获得清华大学精密仪器系硕士学位；1986年获得瑞士苏黎世联邦理工学院博士学位；1986—1995年担任同济大学教师、副教授、教授、系副主任、研究中心主任、校长助理、副校长；1995—2003年担任同济大学校长，成为中国第一位经民主推举产生的大学校长，2003—2008年担任中华人民共和国教育部副部长；2003—2008年任全国妇联副主席；2011年担任上海市欧美同学会会长，后任欧美同学会副会长。吴启迪长期从事控制理论、控制工程与管理工程专业的教学、科研和管理工作，著作及获奖甚多，为女性科技工作者的典范。

1995年2月14日，上海，正当众多青年学子为过情人节而互赠玫瑰的时候，一个长途电话从海南省打来。电话中的男士衷心祝贺妻子被任命为同济大学校长，并表示绝对做她事业的坚强后盾。接电话的就是本文主人公吴启迪。随后的日子里，吴启迪成为全上海、全中国乃至全世界的新闻人物，因为她是新中国成立以来高校中第一位经民主推选产生的校长，也是当时最年轻的大学校长，更是同济大学88年历史上第一位女校长。

成为第一位民主推举的大学校长，在那时已是不平常的事，何况又是一位重点大学女校长。更令人称道的是，在接下来8年的校长生涯里，吴启迪主持了同济两次与其他高校的合并，经历了前所未有的高校扩招以及争取同济大学进入“985工程”等重大考验，一度曾由于过度劳累而突发重疾、生命垂危，经过多次抢救，她以顽强的意志力和生命力战胜死神，重新回到工作岗位，并最终为一系列的考验画上完美句号。那么吴启迪究竟是谁？她又有着怎样的人生故事？这还得从头说起。

吴启迪，祖籍浙江永嘉，1947年出生于上海一个知识分子家庭，父亲是上海交通大学的教授，母亲是交大校医院的医生。1965年，18岁的吴启迪中学毕业，顺理成章该上大学了。她一心想离开上海到外面看看，所以尽管父母都不太同意，她还是跟随大姐的脚步报考了北京的清华大学无线电系（今电子工程系），并以优异成绩被录取。在这里，她和未来的先生江上舟成为同学。

命运之神正对吴启迪张开笑脸，无奈的是，刚刚入校才 9 个月，“文化大革命”爆发，学习被迫中断。1970 年，吴启迪与江上舟毕业，一同被分配到云南省电讯器材厂当技术员，两人结为伉俪。生活中他们是伴侣，工作上他们是知音。夫妻俩在工厂一起搞研发，一起试制新产品；同时他们深感知识的重要，强烈的求学渴望促使他们在业余时间坚持自学，你追我赶，不断增强实力。1975 年两人一起调回北京工作，吴启迪在业务上崭露头角，她主持编制的“计算机信息处理国家标准 GB2425—81”获得了国防科工委重大科技进步二等奖、电子工业部重大科技进步一等奖。

1978 年，我国恢复研究生招生，多年的勤奋苦学此时得到了检验的机会。吴启迪和先生同时考上清华研究生。当时他们已经工作 8 年，年近 30 岁，两口子一起考进来，很受校领导的关注。虽然吴启迪在大学只上了一年的课，但得益于自学，入学后在免修的考试中都考得很好，免修了两门课。江上舟则在考上研究生后不久，又考上了出国研究生，第二年公派去瑞士苏黎世联邦理工学院，成为改革开放后首批出国研究生。

苏黎世联邦理工学院声名显赫，坐落在美丽的苏黎世湖畔，是爱因斯坦的母校，包括爱因斯坦在内的 32 位诺贝尔奖得主，或在这里读过书，或在这里工作过，有“欧陆第一名校”之美誉。江上舟在这样的学术氛围和研究环境中如鱼得水，就动员吴启迪也去。于是夫唱妇随，1981 年，吴启迪硕士毕业后也选择去这所世界名校深造。

初到苏黎世联邦理工学院，吴启迪先是给教授当助教，后来成为教授的博士生，她还兼指导硕士毕业生论文，从此电子工程系自动化研究所多了一位早出晚归、埋头钻研的中国女学者的身影。刚去瑞士的时候，吴启迪的德文基础几乎是零，她像小孩子学说话一样从头学起。先学会听和说，再学会读和写，最后的博士论文是用德文写的。她撰写的博士论文被专家称为“填补理论与实践间鸿沟的非常成功的结果”，是对控制理论“有意义的创造贡献”。她的论文早在20世纪80年代就被SCI和EI检索，并多次被一些国际刊物引用。

1986年，吴启迪和江上舟先后获得苏黎世联邦理工学院电子工程博士学位，吴启迪成为这所著名学府研究所历史上第一位女博士。手握这所世界顶尖大学的博士文凭，在瑞士或德国找到一份收入丰厚、条件优越的工作是轻而易举的，然而学业有成的两口子，满腔热忱报效祖国，迫不及待地双双回国。

当时好几所重点大学都非常希望吴启迪能加盟，其中就有同济大学。同济大学电子工程专业相对较弱，迫切需要人才；吴启迪在瑞士用的是德语，恰好由于同济最初是一位德国医生创办的，在深思熟虑后，吴启迪最终决定到同济大学任教。江上舟作为先行者去海南发展，后来他凭借自己丰富的学识和独到的战略眼光作出了很大成绩。为了事业，夫妻俩不得不暂时分开，但他们仍像从前一样相互关怀、相互支持，多年后他们在上海重新团聚。

甫踏进同济校园，吴启迪就马不停蹄一头扎进了工作中。9年中，她从教师到副教授、教授，又从自动控制教研室主任、电气工程系副主任、信息中心主任、科技德语中心主任到校长助理、副校长，肩上的担子越来越重，但她争分夺秒，只争朝夕，每一项工作都做得很出色。

吴启迪是硕士生、博士生指导老师。为了改革教学内容和提高研究生培养质量，吴启迪非常注意介绍和引进国外科技新成果、新趋势，先后翻译优秀德文教材约150万字，获得了教育部科技进步一等奖、国家教育成果二等奖、中国高校科技进步二等奖等多个奖项，硕果累累。吴启迪是学者，从未停下科研的脚步。吴启迪以广博的知识、活跃的思维、对高新科技的发展方向所特有的敏锐判断力，针对工业自动化发展的实际需要，先后主持完成科研项目20余项，近百篇论文在国内外刊物上发表，获得了两项国家科技进步二等奖。

升任主管教学、科研的副校长后，吴启迪深感“产学研”结合是高校开展科研工作的优化模式，是发展高科技学科的新生长点。她强调学校要为地方经济建设服务，同时十分注重对外合作与交流。她颇有胆识的办学理念使学校收获了很好的社会效益和经济效益，受到上级青睐和师生拥戴，她的声望越来越高。1995 年初经民主推举，吴启迪开启多项先河，成为同济大学首任女校长，于是就有了本文开头那一幕。

吴启迪上任校长之际，正是同济大学面临严峻竞争之时，主要是三件大事。一是国家要在 21 世纪重点建设 100 所大学，这个“211 工程”已经启动，但当时同济还未进入，而同济一定要跻身高校“国家队”；二是作为一所立足上海的重点大学，同济要争取国家教委和上海市政府共建；三是国家教委将要对高校进行文明校园建设评估，实际上是对学校全方位工作的评价。在吴启迪看来，这三件大事至关重要，它关系到同济能不能赶上高教改革的步伐，能否打下继续发展的坚实基础。在校党委的领导下，吴启迪和同事们拼着一股劲儿，调动一切积极因素，夜以继日地工作，在 1995 年年底前将这三件大事都解决了！这给全校上下带来极大鼓舞和信心。

设立启迪奖学金，激励学生创新精神

1999年，对于吴启迪是极不平凡的一年，也是她担任校长最累的一年。应对学校前所未有的扩招和争取进入“985工程”，两副担子压在这位50岁出头的女校长身上，那段时间她很焦虑。8月5日上午，吴启迪在办公室接到一个电话，说马上要开学了，今年大幅度扩招，学生来了怎么住啊？放下电话没多久，她就感到一阵腹痛难忍。送到医院急救，被诊断为突发急性坏死性胰腺炎，并发心、肺、肝、肾等脏器功能严重障碍。在住院的146天里，她的心脏8次停跳，4次接受手术，多次收到病危通知书。起初，一向鲜少生病的吴启迪并没有意识到自己病情的严重性，事后才知道自己那时命悬一线。医院成功抢救吴启迪的案例，已被医学界传为奇迹。吴启迪就这样在与死神顽强而艰难的搏战中跨入新千年。

在住院期间，每当有领导来看望吴启迪，她都会为学校跻身“985工程”等事宜向领导争取。在气管被切开的那段时间，吴启迪不能讲话，只能用笔写。有一次，时任上海市委书记黄菊来看她，她又提了这件事，还对黄书记笑了笑。黄菊书记跟同来的人说：“吴校长病得这么重，怎么还在笑？”哪知吴启迪当时心里想的是，我有机会当面向领导提“985”的事，能不笑吗？在病情特别危险的时刻，吴启迪也会思考生命。她想，生命尽管顽强，但有时候又很脆弱，就像一张纸，一捅就破。而这时候，如果还有很多事没做完，就会觉得很遗憾，但这反过来又会激励她坚持下去。她用各种方法来鼓励自己。她想到了电影《泰坦尼克号》中的情节，当男主人公杰克觉得自己必死无疑时，对女友罗丝说：“你一定要顽强地活下去，要过得幸福。”当时吴启迪在病床边放了一台CD播放机，不断放着音乐，《泰坦尼克号》的主题曲《我心永恒》经常回响在病房中。“别人都说我坚强。其实，我当时精神状态是比较亢奋的，因为满脑子想的都是同济还没进入‘985工程’。这个目标我是放不下的。”

至于为什么那么在意“985”，吴启迪这样解释：1998年5月，中央正式提出，我国要建“若干所具有世界先进水平的一流大学”，第一批“985”大学包括清华、北大等，上海的复旦和交大榜上有名。在历史上，同济历来就是中国高等教育的第一梯队，怎么能变成第二梯队？那个时候吴启迪心里装的全是她作为同济一校之长的使命，她早已将自己的生命置之度外了。

吴启迪对同济大学的发展倾尽热情、才华与心血。在为同济打好坚实基础后，她又为同济办出特色开拓新路子。2000 年，同济大学和上海市妇联共同创办女子学院，通过丰富多样的女性特色教育，不仅培养女大学生具有坚实的专业基础和自主自立、积极向上的生活目标，同时全面训练和提高她们的创新能力和领导才能，充分展示女大学生的聪明才智和魅力。这是全国重点大学中的第一个女子学院，为同济赢得了很高声誉。吴启迪的教育理念非常注重“创新与实践”，这也许和她曾在瑞士这个“创新国度”留学的经历相关。2010 年，吴启迪和同济大学校友共同出资设立“启迪奖学金”，以此激励学生的创新精神，鼓励他们积极参与科技创新活动，增强专业动手实践能力；她同时希望能用自己的力量带动和影响更多人投入到教育发展和学生培养工作中，为学校公益事业的发展添砖加瓦。

2003 年，吴启迪回到阔别已久的北京，任教育部副部长，主管高等教育和职业教育，同年当选全国妇联副主席。

曾经，“学好数理化，走遍天下都不怕”，近年来工科却看起来不太受学生和家长重视了。工科出身的吴启迪现身说法，她说道，工科的最大魅力在于把蓝图变为现实。“它不光是一张图纸，它让图纸变成现实。”“科学家认识世界，工程师才能改造世界。”这位“工科大咖”说自己这么多年一直坚持在智能控制领域深耕，靠的就是一种获得感。“早些年，我们在研究工厂自动化，最后真的在一家工厂里建起了一条自动化的生产线。当看到我的想法真的成为现实的时候，那种成就感是巨大的。”在吴启迪的影响下，大儿子吴江枫也读了清华大学电子工程系。

作为那个年代少有的工科女生，吴启迪认为，工程领域迫切需要更多的女性力量加入，而女性从事工科也有自己的优势。“我在国外求学的时候，周围除了我以外一个女的都没有，但是这些年来时代在变，工程领域的女性从业者越来越多，也有很多取得突出成就的女性。‘女生学文，男生动手’这样的传统观念可能和长期以来的传统家庭教育有关。但事实上，女性细致、思维缜密等特点如今同样是工程领域不可缺少的，女生一定不要低估自己。”

2008 年，吴启迪当选为第十一届全国人大常委会委员、教育科学文化卫生委员会委员，之后又当选上海欧美同学会会长、国务院学位委员会副主任委员兼秘书长、欧美同学会副会长，她还兼任上海系统仿真学会理事长，中国自动化学会第九届理事会特别顾问、上海市信息化专家委员会主任、清华大学工程教育研究中心主任等。多年来吴启迪身兼数职，忙忙碌碌，很多工作完全是志愿者，不取报酬。但她孜孜不倦，70 岁时还担任国家自然基金委管理科学部主任等职，她说能为祖国健康工作是件很幸福的事。2020 年，吴启迪迎来大学毕业 50 周年，她兑现了自己当年的诺言：为国家工作 50 年。

这 50 年，吴启迪获得“全国十大女杰”“全国三八红旗手”“新中国成立以来上海百位优秀女教师”“上海市三八红旗手”“优秀留学回国人员”等众多荣誉称号。回顾自己的成长过程，吴启迪说：“每个人都有自己成长发展的路，老老实实做人，踏踏实实做事。我没有设计过自己的人生，做好每一件事，自然水到渠成。”对于自己成为中国第一位民主推举的大学校长，吴启迪总谦逊地说这段历史是改革的需要，大家应该更加关注的是高校人事体制的改革，而不是她个人。

虽然九死一生，但吴启迪一直保持乐观；虽然没有设计过人生，但她用热血和生命，谱写了一曲巾帼海归赤诚报国的赞歌。

这，就是吴启迪。

【参考文献】

[1] 同济大学电子与信息工程学院网站 .
[2] 高渊 . 吴启迪教授谈：生命、同济和江上舟 [N]. 解放日报首席专版，2018-03-16.
[3] 叶雨婷 . 吴启迪：工科最大魅力在于把图纸变为现实 [N]. 中国青年报，2021-06-28.
[4] 钟勤 . 吴启迪——中国第一民选校长 [J]. 教师博览，1995（7）.

张密与意大利的一生缘

张密，1950 年生于天津，著名意大利语教育家和翻译家，中国意大利语同传第一人。毕业于对外经贸大学，1981—1983 年被派往意大利留学，回国后主持经贸大学意大利语专业和中意中心工作，2000 年在国内率先教授意大利语硕士，2019 年率先教授意大利语 MTI 口译硕士，译著、专著等上千万字，参与亚欧经济部长会、亚欧农业部长会、中意政府间联席会、中意经济合作混委会等重大活动的同传和交传口译。在几十年的教师生涯中培养出无数新中国对意经贸、文化交流学生和工作者，为中意间政治、经贸、文化以及旅游业作出贡献。三次获得意大利政府颁布的荣誉勋章。

留意分会的张密学长是新中国改革开放后中国意大利语言教学和推广最杰出的意大利语教育家之一。1972 年 5 月，张密被推荐到北京对外贸易学校（等待政府批准恢复北京对外贸易学院时期暂定的校名）二系意大利语班学习，从此她开始了与意大利语专业的不解之缘。

从学生到老师

北京对外贸易学校的意大利语专业是全国第一家，20 世纪 50 年代由在意大利留学考古归国的李堂晏先生开设。小语种都是迷你小班，朝鲜语班只有 5 名学员，而意大利语班才 7 人。在校期间，张密三年级就去广交会接待外宾，四年级到大庆新建的化肥厂为安装设备做翻译。不过平日里的主要任务还是学习，大家都深知机会来之不易，肩上负有重任，因此都如饥似渴地刻苦学习。当时的条件真是困难，学习没有字典，上课没有教材，只靠老师临时编写的油印单篇，这倒让同学们有机会锻炼和展示各自的装帧才干。

1976 年，张密和同学们进行了工作分配，张密留校，成为意大利语专业的第一位女教师。当时的意大利语专业老师们都为大搞学科建设而摩拳擦掌，除了编写基础教材和意大利语辞典与语法外，系里还先后招收了 1976 和 1980 两届共 18 名工农兵学员，边改边教。张密在 1979 年生双胞胎的产假期间翻译了第一部作品：卡尔维诺的《一个身子分成两半的子爵》。

赴意留学进修

改革开放的春风吹遍神州。1980 年，中国土畜产进出口总公司在澳门开设的一家皮革厂从意大利引进了皮革加工设备，张密第一次作为随同翻译，跟该厂的技术小组前往意大利学习技术。第一次踏上了意大利国土，听到原汁原味的意大利语，在交流中捉襟见肘，张密百感交集，觉得自己学的意大利语完全不够用，于是萌生了出国进修的念头。她跟技术组回国后，立即递交了申请，并在 1981 年得到批准。尽管当时一对双胞胎女儿只有 2 岁，她只能把她们送进托儿所“全托”。走之前，张密去托儿所看女儿，她们对将有两年时间见不到妈妈这件事完全不知情，她偷偷地看，流着眼泪离开，这是张密最大的遗憾。但她深知，她必须进修，时不我待，语言不足摆在那里，需要花时间去弥补，越快越好。

进修时间为两学年，这是张密第二次踏上意大利。张密先后在佩鲁贾外国人大学学习语言文化，在罗马大学学习经济贸易。与第一次相比，少了初来乍到的惊喜，多了挥之不去的孤独。

身在异国他乡，最让张密魂牵梦萦的便是亲人，尤其是年幼的女儿。由于打不起国际长途电话，与家人的联系完全靠书信。从寄出一封信到收到回信，需要等上两个月，除了了解家中的近况，张密最想看到的是女儿们的照片。当看见回信的内容上写道：女儿对别人说“我不是没有妈妈，我的妈妈在意大利，她很快就回来了”，张密心酸得直落泪。

张密深知自己为这次学习机会付出的代价有多高，所以更加如饥似渴地学习，在食堂、宿舍和图书馆这三点之间的轨迹上循环往复，枯燥的生活中，寂寞感不时袭来。有时候，在宿舍独自看着书，突然就感到可怕的孤独，于是便打开门，朝人多的方向走去，直到周围有来来往往的人，这种感觉才慢慢缓释并消失。

张密和同去的中国同学常常把别人喝咖啡的时间都用在学习上，还进行了行之有效的合作。张密主攻历史和艺术，然后与同学交换学习笔记和心得，这种分享式学习让他们事半功倍，在停课就考试的情况下，分获了班上最佳学员和最佳成绩奖，张密在后来的教学中也推广了这一招。

那段时间，只要假期有空，张密和同学们就背上包，坐着火车到意大利各地参观，得到了不少感性认识。特伦托大学的戴马奇教授组织他们上阿尔卑斯的多洛米蒂山度假，在维罗纳的古罗马露天剧场看歌剧《波希米亚人》。中国工艺品进出口公司让他们去的里雅斯特的东方博览会站柜台卖国货，留学生支部组织他们去萨勒诺和卡塞塔王宫参观，他们还为罗马的意中友协开办的汉语班授课。总之，留学生活不仅收获颇丰，而且留下了不少美好的回忆。

投身专业建设

1983 年暑假，张密带着一大堆书籍和资料回国，用这些资料建立了意大利语视听资料库，学校联络接受了意大利外交部赠送的按照标准意大利语图书馆配置的图书资料。此后他们还为南京汽车制造厂与意大利菲亚特集团的合资进行了技术人员培训达 150 人次，为国家计委委派的进修生、北京汽车摩托车公司的技术人员和国家旅游局的导游等培训近百人。

1985 年，学校招收了第 6 届意大利语班学生 15 人，此后，从维持四年一届到每两年一届再到每年招生，节奏不断加快，规模不断扩大。

经对外贸易部和意大利外交部 1984 年批准立项，作为中意政府间双边合作项目，学校于 1986 年设立了中意意大利语教学中心，负责对中意合作项目的中方执行单位的人员进行出国进修前的语言培训。学校与意大利博洛尼亚大学的语言培训中心合作，编写了多媒体培训教材《在中国讲意大利语》及配套视听说材料。中意中心的设立对促进不断深化和扩大的中意经济文化交流起到了重要的推动作用，使之成为在中国这片辽阔土地上传播意大利语的重要基地，接受培训的学员来自除西藏之外的全国各省（区、市），总数达 3000 人次。

1989 年，张密被评为副教授，任中意中心主任和外语系（后来的外语学院）副主任，直至 2000 年为止。此间，张密两度赴意大利短期进修，共计一学年。

1997 年，张密被评为教授。2000 年，她卸掉了所有行政职务，却带领意大利语专业实现了质的飞跃：开始在全国率先正式招收硕士研究生，招生规模从 1 名到 5 名不等，她参与授课的就有 15 届，其中包括 3 名台湾辅仁大学的意大利语本科毕业生。

进入 21 世纪，随着中国的快速发展和国际地位的不断提高，社会对意大利语人才的需求越来越大，要求也越来越高。经贸大学意大利语专业逐步形成了经贸意大利语的特色教育，在国内独树一帜，已成为在国内实力、影响力和辐射力较大且特色鲜明的教学和研究单位。张密先后三次去台湾辅仁大学举办讲座和授课，还被一些国内高校聘为客座教授。

张密编写的《意大利语外事经贸应用文》《意大利语高级经贸口译》《意大利报刊选读》等教材不仅在学校专业课使用，而且被其他院校作为教材使用，甚至意大利语工作者也将其作为参考书。其他作品还有《意大利习语辞典》《意大利语科技文选》《意大利文学选读》等。

由于积极从事中意文化交流事业，张密先后于 1994 年、2006 年和 2013 年三次被意大利总统授予骑士勋章和爵士勋章。张密先后担任欧美同学会留意分会常务副会长兼秘书长，中国意大利语教学研究会会长，中国意大利研究会副秘书长，中国意大利文学研究会常务理事，中国非通用语教学研究会理事，参与筹划成立中国意大利语翻译研究会。

翻译人生

作为一名小语种外语教师，少不了既满足社会需求又提升业务水平的翻译实践，张密自己就是教学、著书和翻译的“三栖”学者。做翻译，要耐得住内心的寂寞，耐得住外界的诱惑，受得了稿费低廉的待遇，担得起文责自负的责任。

为了不占教学工作时间，张密的翻译工作多放在寒暑期进行。应忠利保险公司请求为中国人民银行筹备保监委而翻译意大利保险法规，她甚至一个暑假足不出户，闷在屋里埋头苦干，除了吃饭、睡觉就是翻译，几十万字的材料一气呵成才“出关”。结果，意大利那边三个三人组没能完成将意大利语翻译成英语的任务，而张密居然一个人完成了将意大利语翻译成汉语的工作!

在与意大利文打交道的这几十年里，张密翻译和编写的作品达千万字，翻译内容横跨文学、教育、科技、经济、法律等多个领域，发表的主要译著有《国际营销学》《服务营销学》《从共同市场到单一货币》《意大利民法典》《卡尔维诺文集》等。其中《命运交叉的城堡》荣获 2009 年意大利使馆颁发的优秀文学译著奖。但是，要问究竟哪部是她最满意的作品，答案是“没有满意的”，所以说翻译是遗憾的事业。

作为中意两国交往的直接参与者和见证者，张密从一开始就参与经贸、金融、法学、科技、农业、环保、文物、军务、警务等方面的会议和活动，曾参加过亚欧经济部长会议、亚欧农业部长会议、国际刑警大会，为中意政府委员会和中意经贸混委会等重量级会议担任翻译，来自非官方的会议和交流活动的邀请更是络绎不绝。因为她的心态好，不怕说错，说错也不怕人笑话，几次中意双边会议下来，逐渐找到感觉，等到 20 世纪 90 年代同声传译行业开启时，也就勇敢地踏入这扇门，越走越远。

发挥余热的晚年

2012 年，张密正式退休，但她继续为中国的意大利语教育事业贡献自己的余生之力，为中意语言文化的传播与交流作出积极的贡献。

可以说，除了身体原因，没什么能让张密停下来。2013 年 1 月下旬，张密体检发现胃部出现肿瘤，庆幸的是及时发现，在未扩散之前就在同年 2 月春节前夕做了手术，结果连三个月的复查期都没过，她便在 5 月飞往意大利参加威尼斯文化节去了。

2015 年 5 月，张密来到了吉林华侨外国语学院意大利语系工作。一进校园，她就被这里的严格管理和良好校风所感染，但最受震撼的还是校长的办学理念——一切以学生为中心，办最负责任的教育。从 2016 年春担任意大利语系主任以来，张密带领几位青年教师和外教一起努力做好各项工作，同时和同事们一起不断琢磨如何落实该校办学理念，探索实践教学的路子，打造自己的特色。

2018年春季，他们应校长要求在每周授课10课时的前提下撰写制作了第一门关于意大利国情介绍的通识课慕课《走进意大利》，秋季上线并进行了四次见面课。2019年，张密和同事在全国率先办起了MTI意大利语口译专业硕士班，从人才培养方案到所有课程设计、教材选编，四个学生都跟着张密教授努力学习，一年内每人翻译了10万字，先后做了四篇译著、《新华字典》意文版、《交传、同传口译资料库》（非正式出版物），并为申报中华学术外译项目而"兼程赶路"，紧张翻译。目前，张密团队正努力加强国际化建设，开展双学位、本硕连读等更高层次的中意校际合作，编写新教材等。

总之，围绕着"以学生为中心，办最负责任的教育"这个原则，还有许多工作要做。对于张密来说，只要身体允许，恐怕还得再干几年。她乐见长江后浪推前浪，意大利语界出现越来越多的人才接班，这样她才能安心卸下肩上的担子。

人生犹如登山，有的人在回头望时，找到"一览众山小"的感觉，便不自觉地停下脚步，驻足欣赏起半坡的风光；而张密很少回头，望得更多的是前面更高的山峰，便只能做一个匆忙的赶路人。而张密教授也在赶路中产生了一个最深刻的体会：当一个人把自己融入伟大而平凡的事业之中时，他自己也就成为伟大而平凡的人，活得有意义的人。

从知青到外交女杰

——记中国前驻厄瓜多尔、智利、古巴大使刘玉琴

刘玉琴，1951年生于北京，1968年去内蒙古大草原插队，1973年在北京外国语学院（现北京外国语大学）学习西班牙语，中国前驻厄瓜多尔、智利、古巴大使，外交部拉美司第一位女副司长。

在中国外交界有这样一位女士：四十多年前，她因表现优秀，从内蒙古数十万知青中被选中学习外语，经过组织培养和自己的努力，一步步成长为共和国出类拔萃的外交官。她就是曾受到拉美多国政要称赞，被古巴政府两次授勋的中国前驻厄瓜多尔、智利、古巴大使，外交部拉美司第一位女副司长，退休后仍被返聘为中国政府拉美事务特别代表刘玉琴。

1971 年，内蒙古草原女民兵刘玉琴

20 世纪 50 年代初，刘玉琴出生在北京的一个普通家庭。中学尚未毕业，她就来到内蒙古锡林郭勒盟当上了牧羊人。1973 年，高等院校恢复招生，她有幸被北京外国语学院（现北京外国语大学）选中，于是依依不舍地告别生活了五年的大草原，回到北京上了大学。毕业后，她顺利进入国家机关，开始了一路昂扬，长达三十余年的外交生涯。

苦学成才

20 世纪 70 年代，各行各业外语干部奇缺，尤其是像西班牙语这样的小语种人才断档，严重影响了国家的对外交往。早日成才，报效国家，是刚复课不久的外语院校学生们的共同心愿。可是，对这些文化基础薄弱的工农兵学员来说，西班牙语就像一座高不可攀的山，那长长短短的卷舌音、变化莫测的动词变位、浩如烟海的词汇让他们伤透了脑筋。攀峰登顶，谈何容易？

好在五年的农村插队经历让刘玉琴有足够的勇气抵御各种压力。就像当年初学骑马，一次次被摔下，又一次次爬起来那样，不信邪、不服输的精神再次附体，她下定决心，非要攻下这个山头不可。在那些日子里，北外校园里常常会见到这个年轻姑娘的身影，一头用皮筋扎着的短发，一身中规中矩洗得发白的布衣，素面朝天，或在主楼二层阳台上手捧书本念念有词，或步履匆匆奔走在从教学楼到图书馆的小路上，似乎是想一步两个脚印追回逝去的年华。经过日复一日孜孜不倦的苦读，她毫无悬念地跻身优等生行列，到大二时已能流利地用西班牙语进行日常会话。进入大三后，一次在友谊宾馆为外国专家口译电影对白，她清楚的发音、平和的语调、基本到位的口译，得到专家们的肯定和好评。

成功的路上并不拥挤，今日的废寝忘食、日积月累，终会变成明日的出类拔萃、一飞冲天。在大学学习三年后，刘玉琴被外交部选中，提前一年毕业送到墨西哥留学。两年后刘玉琴归来，进入外交部，在翻译室西语组就职。

锋出磨砺

外交战线如上演大戏的舞台，裘派黑头，程派青衣，各自倾情，各自精彩。而要唱好戏，必须练好唱、念、做、打的基本功。刘玉琴明白，自己虽然是大学本科毕业，也吃过洋面包，但在外交这个舞台上还是个新兵，要学的东西很多。好在身边不乏老师，让她高山仰止的黄志良、汤柏生等翻译高手就在同一办公室，老一辈们对传道授业也毫无保留。无论是在翻译室，还是后来到驻外使馆，她一边虚心请教，仔细琢磨别人的翻译技巧、办案方法、文电修辞，不懂就问，不会就学，一边把业余时间都用来恶补所需要掌握的各项业务知识。几年后，外交部拉美司成立，她已从初出茅庐的新手迅速成长为老兵，担当起一处副处长的重任。

外交工作光鲜的背后也有一言难尽的艰辛。以前在内蒙古大草原“逐水草而居”，干上外交这一行后则只能根据工作需要“奉命而行”。

厄瓜多尔首都基多地处高原，海拔高达 2800 米。初到那里的人常常会感到胸闷、头晕、气短，头痛欲裂。刘玉琴并不娇气，但 2004 年 9 月到那里履新后，很长时间适应不了当地的环境，常有喘不过气的感觉；而家人不在身边，初创阶段活动又多，任务又重，实在坚持不了，感觉自己像是电量耗尽的手机时，她就到一位医生朋友的诊所调整一下，吸吸氧，充充电。即使这样，她也从没打过退堂鼓，向领导请求照顾。

古巴是加勒比海的明珠，风光旖旎；但在当时物资供应十分困难。在炎热的夏季，有时连供水都成问题，更不要说糕点、糖果等零食了。使馆馆舍年久失修，居住条件与国内不可同日而语。刘玉琴在这里两次常驻，时间加起来长达五年半。没有家属替她做饭，也没有时间自己种菜，更没有闲情逸致坐在院子的摇椅上享受傍晚的宁静时光。但生活条件的恶劣和物资的匮乏丝毫没有挫败她的工作热情，在那间终日不见阳光的办公室里，桌子上、柜子上、墙壁上到处贴着写有待办事项的小纸条，对外活动一个接一个。有同事戏言：“一箪食，一瓢饮，在陋巷，人不堪其忧，琴也不改其乐。”

恪尽职守

“休言女子非英物，夜夜龙泉壁上鸣。”踏实肯干，勤勉敬业，全身心地投入，刘玉琴无论在国内还是在国外，在每个岗位上都干得可圈可点。

外交形势有时风光霁月，有时阴霾蔽天。21 世纪初，中国对拉美贸易出口发展迅猛，但产品质量良莠不齐，当地的手工业者抗议和抵制“中国制造”的浪潮波涛汹涌。刘玉琴到任后，和使馆经商处的同志对情况进行了分析，马上开始细致深入的公关工作，苦口婆心，舌敝唇焦，将外交资源渐渐盘活，让原来对中国商品一肚子怒火、领头上街游行的手工业协会领导人成为中国使馆的朋友。

外交工作既有寒风呼啸的冷，也有红泥火炉的暖。哈瓦那炽热的阳光和充沛的雨水催熟了中国使馆院子里那棵根深叶茂的杧果树，让它像那些年的两国关系一样硕果累累。刘玉琴在这里两进两出，在两千多个日日夜夜里辛勤工作，交了众多朋友，从勤杂工、园丁，到将军、部长、最高领导人。大家夸她待人真诚，“与其说是朋友，不如说是家人”。使团圈子里的同行们则对她清晰的思想脉络、敏锐的眼光、超强的公关能力印象深刻，说听她分析时局，常常一语中的，入木三分；说从她那里学会了怎样与当地人打交道。

五年多的辛勤耕耘让她在古巴朝野结下了广泛的人缘。离任回国之际，新朋故友依依难舍，古巴政府授予她友好勋章，而比授勋更高的荣誉，是年事已高、深居简出的菲德尔·卡斯特罗主席亲自设家宴为她送行。

初心未改

花开花落，不经意间已是几十年过去。从插队知青到共和国大使，刘玉琴一路昂扬，破茧成蝶。岁月在她脸上增添了久经风浪者的大气与从容，但难以让她忘记初心、使命与担当。

刘玉琴还是一如既往地勤奋，即便在退休以后，在饱受三叉神经疼痛的折磨之时，也没有在家享受一人一茶的宁静或子女承欢的温暖，而是强拖病体，出席一场又一场研讨会、招待会、报告会，认真履行中国政府拉美事务特别代表、国际问题研究基金会研究员、高校客座教授的职责。

刘玉琴还是一如既往地认真、严谨。即便退休了，心境松弛，也毫无松懈、疲沓之态，举手投足仍是职业女性的标准风范。每次出席涉外活动，一身职业装总是穿得整整齐齐，体现出对主人的尊重。每次开会发言或接受采访，她总提前拟定提纲，打好腹稿，字斟句酌，言之有据。

刘玉琴待人还是一如既往地热情、真诚，“润物细无声”。为来京看病的内蒙古老乡安排食宿，为年轻人寻找就业岗位，为母校教育基金捐款，为拉美国家抗击新冠肺炎疫情解囊。只要能尽绵薄之力，她从无二话，让人感受到浓浓的人情暖意。而在向受助者施以援手时，她总是不动声色，不露痕迹，不求人知，悄悄地呵护对方的尊严。

2020 年 2 月新冠肺炎疫情暴发时，刘玉琴在小区当治安志愿者

回首当年，去内蒙古招生的老师曾问她为什么想去北外读书，这位率直的姑娘脱口而出“我不想去北外，想考北大，是别人替我填写的志愿”，逗得老师哈哈大笑。当时她一定不会想到，正是北外给她奠定了日后鞠躬尽瘁、报效祖国的工作基础，正是西班牙语为她提供了折冲樽俎、一路风霜一路诗的大舞台。而在外交战线四十多年的拼搏，也让她的一生过得意气风发，无怨无悔。

田世平：中国果蔬锁鲜的守护者

田世平，1957年生于重庆市酉阳县，中国科学院植物研究所研究员、博士生导师，中国科学院大学岗位教授和“百人计划”学者，学成回国后长期致力于果蔬采后生理病理学基础及防病保鲜技术研究，是我国该研究领域知名专家学者。留意分会成员。

留意分会的田世平是一位女科学家，她是中国科学院植物研究所研究员、博士生导师，中国科学院大学岗位教授和“百人计划”学者，学成回国后长期致力于果蔬采后生理病理学基础及防病保鲜技术研究，是我国该研究领域知名专家学者。

我国果蔬年产10亿吨，产值超3.5万亿元，占种植业的50%以上，产后贡献率达70%，贮藏保鲜是国民“菜篮子”和“果盘子”的重要保障。田世平围绕果蔬产品“优质好吃、营养安全”的重大社会需求，针对我国果蔬采后品质劣变、腐烂严重、质量安全等影响产业发展和社会名声的突出问题，开展系统的科学技术研究，主持国家“973”项目、“863”项目、国家支撑项目、国家基金重点项目和中国科学院重点研发项目等20多项，担任“十三五”国家重点研发计划“果蔬采后质量与品质控制关键技术研究及装备开发”项目首席专家。在果蔬采后“优质、安全”基础理论研究方面取得系统性创新研究成果。

1975年高中毕业后，田世平下乡去当知青。幸运的是，两年后中国恢复了高考制度，田世平就成为恢复高考后的第一批考生，这也是新中国成立以来唯一的一次冬季高考。进入四川农业大学后，田世平逐渐意识到自己专业的重要性，“民以食为天，农业是最基础的专业”。田世平毕业后被分配到四川省农业科学院果树研究所工作，对知识的渴求和对科研的兴趣使她产生了出国留学的念头。在当时，出国学习只有国家公派这一条途径，且四川农科院一年只有两个名额，需要工作非常优秀。1988 年，田世平通过了英语 EPT 等考试，1990 年被教育部选派为中意政府交换学者，到北京语言学院学习一年的意大利语后，于 1991 年 11 月踏上了去意大利博洛尼亚大学留学的征程。

砥砺前行，激发爱国情

“出国后才发现，国内跟国外的科研条件和研究水平差距很大，需要学习的东西太多了。”田世平说。正是这鲜明的对比让她更渴望留在意大利深造，学习更先进的技术知识。作为最老牌的世界名校之一，博洛尼亚大学招生少且成绩要求高，最重要的是读博士这四年她没有任何经济来源。但田世平对学业的认真态度以及执着的科学精神感动了导师，在导师的帮助下，她拿到了四年的奖学金继续求学。四年后，田世平不仅顺利毕业，还成为优秀博士毕业生。

留学意大利是田世平人生中很重要的经历，在留学期间，她深切地感受到，如果一个国家不强大，那么人民在国外是得不到应有的尊重的。“一定要学有所成，中国人需要团结努力，让祖国更强大。这种真正的爱国情，只有身在异乡才有最深切的感触。”1997 年 5 月，田世平回到了祖国，来到中国科学院植物研究所。尽管当时国内的薪水微薄、科研条件艰苦，她仍然选择继续在科研这条路上走下去，这一走就是二十年。

服务社会，勇于担责任

“科学家对社会是一定要有责任的。”田世平说，在意大利留学时发生的一件小事，让她印象深刻。“板栗保鲜过程中有黑霉病，容易烂掉，意大利传统的防治方法是使用高二氧化碳处理，但处理后的板栗做成甜品时会变色。我的博士论文就是研究这个病原菌的生物特性，研究病原菌何时入侵到板栗里、如何来控制。”之后导师便带着田世平去到当地的企业，并把这项技术介绍给了他们。做完报告后导师带她离开企业时，她不解地问道：“就这样走了？难道企业不请吃饭或该给点儿劳动报酬吗？”这时导师反问道：“田，你的奖学金是谁给的？”“意大利政府。”田世平回答道。“那意大利政府的钱是哪里来的呢？”导师又追问。“是纳税人交税的钱。”“既然是纳税人交的钱，我们是不是有责任把我们的技术给企业用？他们用好了就会给国家交更多的税，有更多的税以后就有更多的人能拿到奖学金读书。”导师一番话让她醍醐灌顶。也因为如此，直到现在，田世平所拥有的专利技术都是无偿给企业和农民使用的，不收一分钱。

“用我所知服务社会是我的责任，尽我所能回报社会是一种荣耀。”田世平在获得“女科技工作者社会服务奖”时这样说。

1998 年，田世平刚刚回国第二年，就被科技部一位领导请到了江西省永新县处理一个棘手的难题。永新县是一个井冈山革命老区，县里的农民在政策引导下广泛种植李树，但由于采摘和贮藏方式不当，导致李果腐烂严重，农民“丰产不丰收”。田世平来到县里了解情况后制定了李果采收和采后贮藏保鲜技术，通过规范果农的采果方式（用剪子采果代替竹杠打果），采用低温贮藏使“芙蓉李”和“赖李”的保鲜期达到 2 个月以上，解决了农民卖果难的问题。地方领导紧握田世平的手说：“田老师，代表老区人民感谢您，给我们解决了生产大问题。”从那以后，大连的樱桃、陕西的苹果、山西的壶瓶枣、山东的莱阳梨、四川的枇杷、宁夏的枸杞、内蒙古的沙葱、寿光的蔬菜……这些地方特产的防病保鲜问题在她领导的团队共同努力之下一一得到了解决。“通过我们的技术服务于社会，给人们的生活带来极大的便利，这对我们科技工作者来说，就是对社会最好的回报。”田世平说。

传播科学，桃李满天下

田世平治学严谨，是中科院的优秀教师，她培养的博士研究生中有 6 位获得中国科学院院长优秀奖，两位成为国家“杰出青年”，一位成为国家“优秀青年”；研究团队人员有 4 位成为中国科学院“青年促进会”的优秀青年人才。她积极参加中国女科技工作者协会、中国科学院妇工委和中国植物学女生物学家组织的各项公益活动，到 20 多所大学给学生讲述科研工作的兴趣和责任，传播科学思想，倡导科学精神，宣传科学人生，激发女学生热爱科学研究的兴趣，鼓励她们献身科学事业，切实履行科学家传播科学知识的社会责任，受到了广大学生的欢迎。她多次参加中科院妇工委组织的京区女科技骨干交流会，为年轻女性科技工作者讲授“如何建立高效和谐的研究团队”，传授经验，交流思想，培养女科技骨干的领导能力，鼓励女性自强、自立，为青年女科技人才成长传经送宝，为促进女科技骨干向女科学家转型，发挥优秀女科技骨干的示范带动作用作出了贡献。从 2012 年起至今，田世平多次前往贵州、四川等地考察学习，深入了解贫困地区妇女儿童生活及受教育情况，站在脱贫攻坚最前沿。她被中国科学院评为“巾帼建功”先进个人和“十大女杰”，2015 年荣获全国妇联授予的“三八红旗手”称号。

对于那些有科研梦想的青年人，田世平也给出忠告：“如果你想发财，就不要做科学家。科学家是有责任推动社会进步的人，要耐得住寂寞，有一颗持之以恒的心。不谋万世者，不足以谋一时；不谋全局者，不足以谋一域。”田世平一再强调，青年人一定要有合理的人生规划，社会需要多元化人才，每个人都可以追求自己的理想，但前提是有担当、不自私，在做任何事情时要顾大局，有社会责任心。

罗红波：新中国进行意大利国别研究的第一女性

罗红波，中国社会科学院欧洲研究所研究员、博士生导师，她是新中国成立以来第一位长期从事意大利国别研究的优秀女专家，在为我国的改革开放建言献策方面作出积极贡献。

与意大利的不浅缘分

罗红波在中学时期便通过世界地理和世界历史两门课程对意大利产生了浓厚的兴趣，像高跟靴子一样的国家地图，神话故事般的古罗马文明史，文艺复兴运动……都深深吸引着她。考大学时，母亲希望她报考医学，但她却想通过学习外语更多了解世界。巧合的是，在填报专业志愿前夕，她偶然读到恩格斯为支持意大利复兴运动所撰写的一篇文章。在文章开头，恩格斯将意大利语比作“百花园中最美的花朵”，这引起罗红波极大的兴趣，她义无反顾地报考了外语专业，并表达了要学习意大利语的愿望。1965 年夏天，她如愿以偿收到了北京广播学院（今中国传媒大学）外语系意大利语专业的录取通知书。

大学毕业后，罗红波被分配到中央广播事业局国际台意大利语组工作。由于在大学的四五年处于特殊时期，学生基本是在农村劳动，没有学习到应学的知识，到了岗位难以胜任工作。尽管在老同志们的帮助下，罗红波有所进步，但她仍深为自己知识不够、基础不牢而心急如焚。1977 年 10 月，中央允许 69 届、70 届的大学生回原校继续就读，叫作“回炉大学生”。但此时，北京广播学院已没有意大利语专业老师，回原校继续就读成为泡影。怎么办？罗红波鼓足勇气给教育部相关部门领导写了封信，写明在国内“回炉”已无门，希望有机会到意大利学习。

罗红波是幸运的。1979 年，她获得了前往意大利卡拉布里亚大学（简称卡大）进修的机会。这是中国实行改革开放政策后向意大利派出的第一个留学团队。时任卡大校长、著名化学家皮埃特罗 · 布奇教授是这一教育合作的积极响应者。他说：“卡大愿意接受中国学生来学习，愿做沟通意大利与中国的一座桥梁。”当时卡拉布里亚大学几乎没有外国留学生，所以没有专门讲授意大利语言的课程。考虑到回国后还要在广播电台工作，从语言角度来讲，历史课程的语言与新闻语言较为接近，罗红波便选择了历史学为主攻方向。

“我的价值在国内”

卡拉布里亚大学位于意大利南方，成立于 1972 年，是意大利政府专门为南部贫困青年提供学习机会的大学，教学质量明显不如北方历史悠久的大学。尽管如此，罗红波依然十分珍惜这次学习机会。她想，这里虽然没有意大利最著名的教授讲课，但是图书馆有这些著名教授的著作，读好这些作品一样能够获得知识。罗红波还是个有心人，经常关注国内形势的发展。1980 年 1 月，邓小平在中共中央召集的干部会议上提出“以经济建设为中心”的战略。她在获知这一信息后，毫不犹豫同时选修了经济学课程，并通过意大利同学和意大利朋友的帮助考察意大利经济社会发展。

罗红波的刻苦努力，引起了欧洲近代史教授米凯列 · 法蒂卡的注意。法蒂卡教授同时在卡大和那不勒斯东方大学任教。那不勒斯东方大学的创始人马国贤是一位传教士，在 1710 年抵达澳门，随后北上京师在宫中供职，擅长绘画、雕刻，很得康熙皇帝的赏识。1724 年，马国贤带着 4 个中国学生回到了那不勒斯，筹备多年，创办了中国学院（那不勒斯东方大学的前身）。法蒂卡教授很希望罗红波能和他一起研究马国贤日志。但罗红波牢记邓小平于 1978 年 3 月 18 日在全国科学大会上的一席话："任何一个民族，一个国家，都要学习别的民族，别的国家的长处，学习人家的先进科学技术。"罗红波希望在意大利能够更多了解、学习意大利经济发展的特点和经验，以便回国后能效力祖国的四个现代化建设。她向法蒂卡教授做了解释，不仅取得了他的谅解，还获得了他的高度赞赏，两人建立了深厚的友谊。

1981 年 7 月在学业结束即将离开卡大时，中世纪史教授动员罗红波继续留在卡大，和他一起进行宋朝文化和文艺复兴时期文化的比较研究，并告诉她布奇校长已经批准了这个项目。但罗红波清醒地知道，国内学习过意大利语、意大利历史和经济学，考察过意大利经济发展的学者不多。她提醒自己："祖国需要我，我的价值在国内。"她婉言谢绝了教授的邀请。到锡耶纳外国人大学进修了三个月的意大利语后，于 1981 年 10 月底回到了祖国。

投身意大利国别研究

回到国际台意大利语组工作后，罗红波感到自己更适合从事有关意大利的研究，她便寻求机会调换工作。此时，幸运之神再次眷顾了罗红波。根据国家改革开放政策的需要，中国社会科学院于 1981 年 5 月成立了三个发达区域国别研究所：美国研究所、西欧研究所（现欧洲研究所前身）和日本研究所。当时，西欧研究所还没有一个研究意大利国别的专业人才。我国著名外交家、曾参加中国和意大利建交谈判、时任社科院副院长的宦乡同志提出，西欧研究所应该将意大利纳入研究对象。1982 年 4 月，曾任外交部西欧司司长的徐达琛同志出任西欧研究所首任所长。他看到罗红波递交的简历和论文后，立即拍板，将罗红波调入了西欧研究所。罗红波不负众望，到所半年后，便撰写了《论战后意大利政局》，发表在《西欧研究》创刊号第一期。通过潜心研究，罗红波归纳出衡量一个国家政局是否稳定的五个重要标志，并对意大利国内政治进行考察，提出了“战后意大利政局的特点是政府更迭频繁、政局基本稳定”的独到论断，得到国内有关部门和学界的广泛好评和认同。

罗红波在意大利国家研究委员会访问著名经济学家 Luigi De Rosa 教授（中）

自 1982 年 5 月调至欧洲所至今，罗红波从事意大利国别研究整整 40 年，撰写或主编专著 21 部，翻译或主持翻译意大利文专著 4 部，发表学术论文几十篇。1991 年和 1992 年，罗红波先后参加了国务院研究室课题研究，撰写了《意大利国有企业的经营管理方式》（研究报告）和《意大利西北工业三角区的改造与振兴》（研究报告），为我国国有企业改革和老工业区改造建言献策，得到好评。为了加深对意大利经济的研究，她一方面兼顾对意大利政治、社会、文化、历史的研究，另一方面加强与其他西欧国家经济发展经验的比较研究。在这一研究领域，她的代表作之一为《意大利工业化之路》（与已故的留意分会会员、中国社会科学院世界经济与政治研究所研究员、博士生导师戎殿新合著）。该书是第一部由我国学者撰述、全面系统研究意大利工业化进程的力作。直至今日，《意大利工业化之路》仍是我国学习和研究意大利经济最重要的参考书之一。

1992 年，邓小平南方谈话时提出要建立社会主义市场经济体制，党的十四大正式提出建立社会主义市场经济体制的目标。针对这一新目标，罗红波提出，中小企业是市场上最活跃的经济细胞和生长点，它们“不仅是迈向工业社会的最初阶梯，而且无论在工业化进程中，还是在工业化社会中，都是一支重要的力量”。考虑到在经济改革过程中，将会有大批剩余农业劳动力转移，她提出，“中小企业有力推动着农村地区的工业化进程”，“使农村地区的产业结构发生根本改观，工业占据主导地位”。罗红波对意大利中小企业进行多次实地考察，她认为意大利在战后之所以能创造“经济奇迹”，迅速跻身于西方七大工业强国之列，同其中小企业的发展有着密切关系。对经济和社会发展来说，中小企业在意大利比在其他主要资本主义国家具有更加重大的意义，可以为我国剩余农业劳动力转移和工业化建设提供更多的启示。为此，她和戎殿新研究员共同撰写了《中小企业王国——意大利》一书，并附上意大利《扶植小企业创新与发展法》（1991 年 10 月由意大利议会两院通过、总统颁布）全译文和欧共体与意大利伦巴第大区有关扶植中小企业的部分法规释文选译，以为我国有关部门制定中小企业发展政策时提供参考。

1993 年，在阿涅利基金会的支持下，罗红波和戎殿新一起翻译出版了著名史学家焦瓦尼 · 斯帕多利尼教授的力作《缔造意大利的精英——以人物为线索的意大利近代史》。这部作品的中文版先后获得了中国社会科学院优秀学术成果奖和意大利外交部文化奖。应我国全国人大常委会的邀请，时任参议长的斯帕多利尼教授于 1994 年 2 月访问北京，出席了这部作品中文版的首发式，并发表了讲话。临别前，斯帕多利尼教授对罗红波说：“我赞赏您，您是中意友谊的使者！”

2004 年，中意两国建立全面战略伙伴关系，这一战略举措使国内的意大利研究进入了快车道。2004 年到 2013 年，罗红波主持了欧洲研究所与《意大利经济评论》杂志合作项目。此时，罗红波在加深对意大利经济研究的基础上，开始了讲好中国经济发展故事的历程，组织中意专家撰写和出版了 8 本关于意大利经济发展和中意经济比较的专著，其中包括《中小企业直面经济全球化》(2004)、《产业区直面经济全球化——中意比较研究》(2008)、《银行体系与经济发展——中意比较研究》(2012)、《FDI 与经济增长——中欧双向“走出去”战略比较研究》(2013)。

2005 年，罗红波在意大利驻华大使官邸接受意大利总统颁发的共和国“仁惠之心”爵士勋章。右为时任意大利驻华大使孟凯蒂先生

40 年来，罗红波对意大利国别研究及中意关系研究作出了突出贡献，为此，她的一些作品获得中国社会科学院优秀科研成果奖。她也于 1993 年获意大利总统颁发的共和国骑士勋章，1998 年获意大利外交部颁发的文化奖，2005 年获意大利总统颁发的共和国“仁惠之心”爵士勋章，2007 年获第四届

“第三千年”国际奖。

发挥余热，培养国内意大利研究人才

罗红波研究员深知，一花不是春，独木难成林。经过罗红波等人的积极筹备，在中国社会科学院欧洲研究所的大力支持下，1988 年在中国欧洲学会（1984 年成立）下成立了意大利研究分会，欧洲所时任所长李琮任首任会长，罗红波任秘书长。罗红波通过立项研究，并争取到意大利阿涅利基金会的支持，将国内对意大利研究有兴趣的专家学者团结在一起，先后撰写和出版了《战后意大利“经济奇迹”》(1992)、《意大利走向二十一世纪》(1994)等专著，翻译出版了《缔造意大利的精英——以人物为线索的意大利近代史》（*Gli uomini che fecero l'Italia –La storia dell'Italia moderna attraverso I ritrati dei protagonisti di Giovanni Spadolini*，中文版 1993）、《战后意大利经济》（*Italian Economic Development since the Second World War: a reconstruction based on the "Review "*，a cura di Luigi De Rosa ，中文版 1999）等译著。正是通过这一方式，使得国内的意大利国别研究不断发展。

退休后，罗红波更加关注国内意大利研究的可持续发展及研究队伍的壮大。她认为，国内意大利研究还存在着薄弱环节，即通晓意大利语的教师没有区域国别研究学科背景，导致他们很难从事这方面的研究工作；而同时，一些想做意大利研究的专家学者又不懂意大利语。结果造成一些问题：一是无法通过第一手材料研究意大利，而通过其他语言获取的资料有可能产生理解偏差；二是研究队伍不稳定，一些专家学者由于不懂意大利语，限制了其对意大利研究的长期关注；三是由于一些专家学者的研究方向并不是意大利，导致其研究浮于表面。总之，懂意大利语的专家学科背景弱，有学科背景的专家不懂意大利语，这成为国内意大利国别研究存在的主要问题。

如何解决这些问题？罗红波认为，培养国内高校意大利语专业教师成为意大利国别研究的主力军应该是一个重要突破口。2013 年 9 月和 10 月，习近平主席分别提出建设“新丝绸之路经济带”和“21 世纪海上丝绸之路”的合作倡议。罗红波再次敏锐感觉到，意大利国别研究在意大利语教学中的重要作用，以及培养高校意大利语教师从事意大利国别研究的重要意义。2014 年，作为会长，罗红波建议召开中国欧洲学会意大利研究分会会议，邀请国内意大利语专业负责人与会，共同研讨“意大利国别研究对意大利语专业人才培养的重要作用”“如何激发意大利语专业教师开展意大利国别研究”等问题。这次会议获得了学术界和教育界的高度关注。2015 年，教育部出台的《建立国别与区域研究基地培育和建设暂行办法》极大地推动了大学对国别区域研究的发展，包括对意大利的研究。目前，国内有超过 10 所大学成立了意大利研究中心，越来越多的青年学者开始关注意大利研究，意大利研究的青年队伍正在形成。为了促进研究队伍的稳定，中国欧洲学会意大利研究分会在罗红波的领导下组织撰写和出版了《变化中的意大利》（罗红波、孙彦红主编，2017）。罗红波教授培养的孙彦红博士通过自己的努力，已经被欧洲研究所评聘为研究员、博士生导师。自 2020 年开始，她独立担纲，主编并出版“意大利蓝皮书”（即意大利年度发展报告，每年一卷，已出版三卷），国内已有十多位中青年学者参加了撰写。

看到青年人的成长和取得的成绩，罗红波教授由衷地为他们感到骄傲和自豪，同时为我国意大利国别研究的可持续发展深感欣慰。

第四章

团结奋进 巾帼荣光

长安街菖蒲河旁，有一座拥有百年历史的院子。打开红漆大门，一棵百年屹立的老树映入眼帘。

这里，是欧美同学会。

欧美同学会妇女委员会——这是一个全部由志愿者组成的团队。

她们都有一段共同的经历——曾赴海外留学。她们都有一个共同的目标——学成报效祖国。

学成归来后，她们在各自的岗位勤奋努力、踏实工作；又因为欧美同学会的活动，走到了一起，在妇女委员会这个集体中，齐心协力十几年，默默奉献，无怨无悔。

本届妇委会从2009年换届至今，由端木美、于德芬分别担任主任、副主任，姜庆明任秘书长。长期以来，妇委会在全国妇联和欧美同学会总会双重领导下，工作成绩有目共睹，既能继承老妇委会的优良传统，又能在工作上创新发展。

早在20世纪八九十年代，老妇委会委员们就积极配合全国妇联参与世界妇女大会的筹备工作及其举办的多项活动，1995年成为全国妇联团体会员后，真正成为欧美同学会与全国妇联的沟通渠道。本届妇委会继续履

妇委会部分委员在欧美同学会门口合影

行全国妇联团体会员的责任、义务，端木美、蒋菁先后当选第十一、十二届全国妇联执委，代表妇委会积极参加全国妇联的各项学习和会议，并及时把文件学习精神通过同学会宣传部门传达到会里。于德芬副主任及姜庆明秘书长发挥外联优势，大大加强与全国妇联机关及其他团体会员单位的联系。

随着全国妇联团体会员作用的加强，近年来妇委会配合全国妇联成功组织了多项大型活动。2014 年，两次协助全国妇联在欧美同学会总会举办大型健康公益讲座活动（约 300 人）。2015 年 5 月 24 日，在总会举办妇女权益保护讲座，到会的女法官、女律师分别就诉讼实践中的女性维权、妇女劳动权利保护、反对家庭暴力及妇女财产权益保护等话题与到会学长们进行了交流和互动。2015 年 11 月 30 日，举办欧美同学会 · 中国留学人员联谊会“妇女之家”挂牌仪式。同一天，在欧美同学会北大厅举行了“纪念北京世妇会召开20周年”座谈会。全国妇联领导、欧美同学会领导到会并致辞，同学会女学长和妇女之友共100多人参加座谈会，多位学长发表感言，畅谈北京世妇会召开的重要意义以及20年来中国妇女事业的重大成就和对未来的展望。2016年2月，举行全国妇联主导的“卫星数字妇女之家”在欧美同学会挂牌启动仪式并开展了一系列相关活动。2018年6月，与全国妇联发展部合作，成功承办首届百名海归女性创业创新培训班（上海，100人）。2019年，积极参与“光辉的历程”中华全国妇女联合会成立70周年纪念展并组织了欧美同学会妇委会自己的展板。2021年，在“两纲”发布后，妇委会及时组织全体委员学习《中国妇女发展纲要（2021—2030年）》和《中国儿童发展纲要（2021—2030年）》，明确了坚持以人民为中心的发展思想，和党中央为坚持走中国特色社会主义妇女儿童发展道路而规划部署的未来十年妇女儿童发展的目标任务。2021年，虽然受到新冠肺炎疫情影响，但妇委会委员还是参加了多项国际交流活动，应邀分别出席了由全国妇联、中俄友好、和平与发展委员会和俄罗斯驻华大使馆共同组织的庆祝《中俄睦邻友好合作条约》签署20周年“山水相连　睦邻友好”中俄妇女儿童友好交流系列活动启动仪式，以及上海合作组织秘书处共同在京举办的上海合作组织妇女教育与减贫论坛等。此外，妇委会积极参与全国妇联组织的“巾帼建功”“绿色环保”“五好文明家庭”和全国“最美家庭”等主题活动。在与全国妇联的友好合作中，欧美同学会妇委会不断加强与全国妇联领导机关及其他姐妹团体单位的联络沟通与合作，彼此间建立了深厚情谊。

在同学会里，欧美同学会妇女委员会的所有工作全部由海归女性志愿者承担，妇女委员们也各自挤出业余时间承担这项兼职工作。在欧美同学会总会领导下，妇委会委员们努力团结广大女会员，不断增强妇委会的吸引力和凝聚力，把做实事、为学长服务落到实处，举办了大量丰富多彩、有意义的活动，成为欧美同学会广受关注和称赞的工作委员会之一。例如，妇委会坚持十余年未间断，每年组织“三八”妇女节联谊和“六一”儿童节亲子联欢两大品牌活动。自新冠肺炎疫情暴发三年来，克服重重困难，连续三年组织了“两大联欢”的线上特别节目，收到良好效果，受到广大学长的欢迎和好评。这两大品牌活动都得到全国妇联领导的支持和肯定，现场联欢时每次妇联领导都亲自到场祝贺，线上特别节目均收到妇联领导发来的热情洋溢的视频致辞。

妇委会积极组织女学长参与欧美同学会开展的助力甘肃、宁夏、贵州“三省区四县”深度贫困地区脱贫攻坚工作，进行产业、健康、教育、培训等方面的帮扶，取得良好成效。2017 年，欧美同学会妇委会举办“海归女性视野中的‘一带一路’倡议”座谈会和首届海归女性创业论坛，广大女学长积极参与，反响热烈。2019 年，妇委会组织学长参观留法勤工俭学运动纪念馆和白洋淀抗日战争纪念馆。2021 年，妇委会组织建党百年座谈会，并现场连线保定留法勤工俭学运动纪念馆和法国蒙达尔纪纪念馆，学长们对勤工俭学运动史和建党早期的历史有了更深入、翔实的了解。妇委会还根据学长们的特点及优势，积极参与开展民间外交工作，联络海外友人及留学人员，在“21 世纪中国”论坛、中法文化论坛、中德科技论坛等重要对外平台上讲好中国故事，发挥民间外交生力军的作用。妇委会委员们利用一切机会，积极开展民间外交。一方面，在与各国使馆的外国朋友保持友好交流的同时，积极邀请各国朋友参加妇委会的活动；另一方面，多次参加并组织与外国友人的文化交流活动，充分展示了民间外交的魅力。如陈红娣委员每年参加的民间文化交流活动就有 50 多场，妇委会主任端木美由于其在民间文化学术交流中的突出贡献，两次获得法兰西勋章。

另据不完全统计，自 2010 年以来，妇委会坚持每年组织大型植树活动，参与学长 900 多人次；多年来举办服务女性的各种讲座及联谊活动 50 余场，参与人数3000余人次；坚持举办各种形式和规模的海归青年联谊活动，参与人数4000余人次，其中多对青年喜结良缘并有了下一代。此外，本着服务学长的宗旨，妇委会为老年学长举办智能手机入门培训、听力的检测和保养讲座、重阳节敬老等活动，为青年学长安排“口红制作DIY”“香氛调理和护肤”“百变纱巾”和“绿色食品”讲座等趣味休闲活动。十几年来，妇委会举办了服务女性家庭等各种丰富多彩的讲座沙龙及联谊活动50余场次，超过3000多人次参与，受到各年龄层会员们的欢迎和喜爱。妇委会委员们还常年组织有关人员为贫困地区的儿童捐书、捐衣，得到广大会员的支持和赞扬。

新冠肺炎疫情发生以来，妇女委员会结合全国妇联“爱与信心持续传递，全国妇联团体会员在行动”，在2020年年初，全国妇联发出“为打赢疫情防控阻击战贡献半边天力量”的倡议之后，很快把欧美同学会（中国留学人员联谊会）发出的《欧美同学会关于助力新型冠状病毒感染的肺炎疫情防控工作的倡议书》通过全国妇联传递给全国的姐妹们。妇委会多位委员积极踊跃参与各种捐赠，同时还组织会员们积极捐赠并及时将防疫物资寄达武汉。2020年，妇委会与全国妇联团体会员单位中国女画家协会合作，开展了“抗疫进行时，有你也有我　诗配画作品欣赏”线上活动，多方面为疫情防控作出了自己的贡献。

妇委会是一个团结友爱、积极进取的团队，是一个特别能战斗的集体。十几年来，妇女委员们作为志愿者，在本职工作之外持续奉献，无怨无悔。虽然性格各异，但无论是资深年高的前辈，还是带着孩子的年轻母亲，抑或是单位里的骨干精英，在这里，她们牺牲自己的休息时间和节假日与家人的团聚时间，每一次大大小小的活动都精心筹划、细心准备，献计献策、各显身手，共同的心愿就是力求给学长们带来更多的收获和更好的体验与感受，活动结束后更以最快的速度通过欧美同学会网站和妇委会公众号“海归妇女之家”等多种媒体进行宣传报道，使没能参与活动的学长及时共享到活动的信息，有效扩大了妇委会在欧美同学会及社会上的影响力。全国妇联联络部部长牟虹如是评价妇委会的工作，“聚，是一团火；散，是满天星。多年来欧美同学会妇女委员会的工作做得有声有色”。妇委会委员中有全国“巾帼建功”标兵，有北京市三八红旗手；有的荣获“庆祝中华人民共和国成立70周年”纪念章，有的荣获欧美同学会“优秀留学人员工作者”荣誉称号；有国内外学术和专业奖项的最高荣誉获得者，还有全国“最美家庭”等荣誉得主——我们将在随后的人物介绍中选择部分姐妹介绍给大家。由于篇幅所限，介绍一定会挂一漏万，相信以后会有机会继续为大家讲述海归女性的故事。

“凡是过往，皆为序章。”2021年是“十四五”开局之年，是全面建设社会主义现代化国家新征程的开启之年。2022年10月中国共产党第二十次全国代表大会召开。2023年三八妇女节前夕，欧美同学会妇委会集体荣获全国妇联“全国巾帼文明岗”的表彰，这是对全体妇女委员多年来的坚忍坚守、无私奉献的高度评价和极大鼓励。妇委会将以习近平新时代中国特色社会主义思想为引领，自觉践行社会主义核心价值观，在广大留学人员特别是女性留学人员中发挥广泛影响力和较强示范引领作用，成为全国妇联团结和联系广大女性海归的重要桥梁和纽带。在全国妇联和欧美同学会总会的领导下，时刻牢记使命，保持和发扬妇委会的光荣传统，不断增强组织凝聚力，紧密联系广大海归女性这一具有高知性、统战性和专业性的群体，继续建设海归女性团结之家、温暖之家，在新的历史起点上续写建功立业新篇章，在新征程上作出新的更大贡献。

『永远的白天鹅』——白淑湘

白淑湘，1939年生于湖南省耒阳，中国著名芭蕾舞艺术家，舞蹈教育家。曾担任中央芭蕾舞团副团长、中国舞蹈家协会主席、中国文联副主席。20世纪80年代初赴法国学习两年。曾任欧美同学会第四、五届理事会副会长，兼两届妇女委员会主任。第五至九届全国政协委员。现任中国舞蹈家协会名誉主席。

我们的白大姐——白淑湘是《天鹅湖》中的“白天鹅”，是《红色娘子军》中的“吴琼花”，是国内外享有极高声誉的芭蕾艺术家，也是我们难得的良师益友。虽然我们是20世纪80年代才第一次见到白大姐本人，但是她在我们1965年留法前就已经是我们的偶像了。白大姐这个大明星非常平易近人，记得我们在欧美同学会第一次见到白大姐时就冒昧地请她在我们的日记本上签名留念（“白”字就是活脱脱一只可爱的“白天鹅”），我们至今还珍藏着白大姐如此个性十足的签名。我们与白大姐一见如故，并在她的直接领导下开展欧美同学会妇委会工作多年，深感荣幸！

白大姐是1982年赴法国进修并加入欧美同学会留法分会的。后来她成为欧美同学会副会长，并接替国际著名妇科专家罗琬华大姐担任第二届欧美同学会妇女委员会主任，我当时作为留法分会副会长兼秘书长与她开始接触并从她那里受益匪浅。白大姐那时已经担任中央芭蕾舞团副团长和中国芭蕾舞学会副会长等繁忙的领导职务，但是她对欧美同学会的工作一直非常关心、亲自过问、一丝不苟。每次重要活动都仔细检查落实，确保了每次活动都取得圆满成功。

记得2004年欧美同学会主办的系列研讨会“21世纪中国”首次来到欧

洲，在法国巴黎举行，议题为“21 世纪中国与留法学人”。白淑湘大姐作为留法分会会长随同韩启德会长出席，我作为留法分会副会长兼秘书长陪同参加活动。由于在国外，代表团对安全问题高度关注。白大姐在抵达当天，不辞辛劳亲自检查安保措施，迈着她特有的轻盈脚步奔走在会场内外以确保各项措施落实，给我留下深刻印象。开会期间，她非常引人注目，来自欧洲各国的参会留学生代表希望一睹她的舞姿，她很爽快地答应，在休息时间就地表演，赞赏声、鼓掌声在大厅久久回旋。多年后，在同学会仍传为佳话。

在白大姐主持欧美同学会妇委会工作后，她不负众望，尽其所长改进欧美同学会舞蹈队的工作，亲自策划组织每年“三八”妇女节和“六一”儿童节等有关活动，带领大家积极筹备建立欧美同学会的“妇女之家”等，使各项工作风生水起（必要时还亲自安排她的学生们演出精彩节目助兴）。她就像一只不知疲倦的“白天鹅”在新的“天鹅湖”中“翩翩起舞”，在关爱中带领我们圆满完成欧美同学会妇委会各项工作，在欢乐中给欧美同学会的所有同学和他们的家属（特别是妇女儿童）留下了特别温馨的回忆，在飞舞中向人们诠释了她传奇而成功人生的秘诀!

虽然隔行如隔山，我们不太了解芭蕾舞的奥秘，但从那些年与白大姐工作的接触中，我们逐步明白了舞台即人生、人生即舞台、人生处处有舞台和“人生就是大舞台”的道理，明白了为什么白大姐能迎难而上并圆满完成各项任务（包括欧美同学会和妇委会的工作），为什么她能善待和团结所有工作人员和每一个同学同事，为什么她能成为人生大舞台上“永远的白天鹅”！

首先，白大姐总是虚心学习、勇于担当。白大姐虽然有舞蹈天赋，也喜欢跳舞，但她成功的主要原因还在于她把舞台比作生命，坚信“戏比天大”，从小就刻苦练功、一丝不苟、功底扎实。她 1939 年出生在湖南，1949 年开始习舞并在不久后成为我国芭蕾舞学校的第一批学员，1959 年学成毕业并成为我国排演的第一部世界经典芭蕾舞剧《天鹅湖》中的第一只“白天鹅”，彻底完成了“丑小鸭的蜕变”而一飞冲天。她让我们明白了什么才是真正的“十年磨一剑”！

其次，白大姐总是推陈出新、追求完美。白大姐的芭蕾造诣深、贡献大，是中国芭蕾艺术开拓、奠基、铺路的一代。她是中国著名芭蕾舞艺术家和舞蹈教育家，不仅作为访问学者去法国学习交流，还接触研究丹麦和英国等流派，不断完善改进、力求做到最好。她成绩斐然，誉满全球，桃李满天下。她让我们明白了什么才是真正的“艺术人生”！

再次，白大姐总是无私奉献、放眼未来。白大姐将自己一生的心血和精力都奉献给了中国芭蕾事业。她还将中国红色芭蕾舞带向世界，用艺术促进中外文化交流。她年逾八旬仍在更广阔的舞台上致力于中国芭蕾事业的进步与传承。她让我们明白什么才是真正的“无我境界”！

最后，也是最重要的，白大姐总是不忘初心、服务大众。白大姐的芭蕾舞“阳春白雪”、角色“雅俗共赏”、舞台光彩照人，受到党和国家领导人以及百姓的一致好评和欢迎。她很早就成为国家一级演员、中国芭蕾舞学会主席、中国文联副主席、中国舞蹈家协会荣誉主席、欧美同学会副会长等，但她始终初心不改，一直为中国芭蕾事业的发展和传承奔走忙碌、奉献服务、发挥余热，令人钦佩。在百姓眼中，白淑湘就是芭蕾舞的代名词，就是《天鹅湖》中白天鹅的化身，是深入人心的“永远的白天鹅”。她让我们明白了什么才是真正的“人民艺术家”！

1958年，白淑湘首演《天鹅湖》

为此，特作五律一首——《永远的白天鹅》，献给敬爱的白大姐：

台上一分钟，十年立世功。

蜚声冲浩宇，飒爽领群星。

事业当生命，追求作人生。

初心结硕果，晚霞映天红！

『学术长征』别样人生

——行走在中欧之间的端木美

端木美，欧美同学会妇女委员会主任，曾任欧美同学会副会长、留瑞士分会会长、常务副会长兼秘书长。1984—1987年留学瑞士弗里堡大学历史系；归国后任职中国社会科学院世界历史研究所。主要研究领域包括法国近现代史、瑞士史、中法关系史。2003—2015年任两届中国法国史研究会会长；2015年至今任中国法国史研究会名誉会长；2011年荣获法兰西国家功绩军官勋章，2021年荣获法兰西“学术棕榈”骑士勋章；2018年荣获瑞士驻华使馆中瑞关系突出贡献证书；2019年荣获全国妇联全国“巾帼建功”标兵称号。

两枚勋章的往事

2022年4月18日，这个暮春四月风和日丽、桃红柳绿的日子，在北京市东城区东黄城根甲20号北京市文物保护单位中法大学旧址，法国驻华大使馆与业主北京京仪集团联手举行了自2019年修缮以来第一次社会层面的重要活动：在此为纪念中法教育交流百年项目（2019—2021）结项，并由法国使馆向业主赠送一块“历史上的中法大学（1920—1950）”铜牌，同时授予端木美研究员法兰西“学术棕榈”骑士勋章，以表彰她在这三年工作中的突出贡献。

北京中法大学由著名教育家蔡元培先生、留法前辈李石曾先生等人创办于1920年，停办于1950年。30年间该校成为中法文化教育交流的一个中心，培养了569名毕业生；具有开放眼光、远见卓识的创办人于1921年在法国里昂创建了北京中法大学的海外部（姐妹校）——里昂中法大学，培养了473名学生，大部分获得高等教育文凭并回国效力，成为20世纪上半叶中国文化科技教育界的精英人物，推动中国现代化进程并成为中法文化交流的中坚力量。因此，这些前辈早在百年前就开拓了不同历史背景和文化取向的人民之间相互认识和理解的对话空间，纪念他们作出的贡献，有其深刻的现实意义。

端木美研究员在实施这三年计划的工作中，参加过各界多个有关中法文化教育交流的报告会，接受多次媒体采访，发表过近十篇相关文章，并在法国使馆和中国社会科学院世界历史研究所支持下，由中国社科出版社和法国友丰出版社于 2020 年联合翻译出版了端木美和许睢宁、张文大二位先生合作的《历史上的中法大学》（法文版）。该书的中文版为纪念中法建交 50 周年于 2015 年年初出版，被认为是“首部综述中法大学历史的力作”。为此，在中法大学旧址上，法国驻华大使罗梁先生亲自为端木美研究员佩戴上了法兰西“学术棕榈”骑士勋章，如大使所言“恰如其分”。

但这并不是端木美研究员第一次荣获法兰西勋章。在她担任中国法国史研究会会长期间，推动中法双方从 2004 年起创建上海—杭州“中法历史文化研讨班”，旨在培养年轻史学工作者和加快国际合作步伐。十几年过去，受惠学生遍布北上广等大城市及不少中小城市的高等院校；中法合作又跨国加入了瑞士学者。一个少有的历史学国际合作项目在国内外都有了一定的知名度，项目得到承办单位华东师范大学、浙江大学、法国驻华使馆和中国社会科学院的支持。2011 年端木美荣获法兰西国家功绩军官勋章，以表彰她在中国推动法国历史的学习和人才培养工作。2011 年 12 月，在京由时任法国驻华大使白林女士在新官邸举行授勋仪式，当时的瑞士驻华大使顾博礼先生也应邀出席。借此机会，端木美也表达了对瑞士培养的感激之情。

2022 年 4 月 18 日，端木美在北京中法大学旧址接受法国驻华大使代表法国政府授予法兰西“学术棕榈”骑士勋章

游走在瑞士与法国之间

时光回到 20 世纪 80 年代初。从接受再教育的南方某农场，几经曲折，端木美被分配到中国社会科学院世界历史研究所。在这个国内顶级研究单位，毕业于法国语言文学专业的端木美显然“先天不足，后天失调”。经过单位已加入重修《巴黎公社史》项目，并短期派往意大利、法国调研该项目资料的培养，不久端木美接受了瑞士的奖学金，1984 年出国在瑞士弗里堡大学历史系学习，专攻瑞士史和瑞法关系史，1987 年年底回到中国社会科学院工作。此后多次出国访学，特别是 1993—1994 年受中国社科院委托，专门赴法国调研留法勤工俭学历史资料，开始了中法关系史的研究。

游走在瑞士与法国之间，端木美受教于多位名师，接受了正规且严厉的专业训练。

初到瑞士，因当时国内相关书籍很少，端木美对瑞士了解不够，专业课语言听说能力差距也很大，听课和参加讨论都非常吃力。于是她去语音室加码废寝忘食练习，也得到瑞士同学主动帮助，半年时光过去，语言有了长足进步，与老师同学交流进入快速道。然而，她遇上的导师是瑞士著名历史学家兼外交部主考官，他出名的严厉往往令不同国籍的同学们都望而生畏。开始他对唯一的亚洲学生端木美很和蔼，交流不多，也许教授对端木美的法语水平心怀慈悲。但是从第二年写论文开始，他就越来越“挑剔”，不过从语言、从专业角度看，这样的指导非常有益于端木美逐渐适应并掌握瑞士人独特的历史教学研究的语境。

有一次，教授的严厉深深地教育了端木美。那是在写近代瑞士的社会发展，涉及一次东北部民众的不满骚乱，端木美引用了一本法国学者的参考资料，把事件定性为推翻政权的政治斗争。当这部分草稿交给教授后，很快教授就约见了她。这一天，教授一反常态，没有让端木美坐下就很严肃地说他不满意这一节，因为用的资料单一片面，并没有对瑞士社会、历史做深入了解就下结论，人为夸大史实。他要求端木美好好查阅瑞士及欧洲他国的历史档案，独立思考，重写这一节，并要认真审视以后的参考资料，不可再犯同样的错误。这次，端木美切身体会到瑞士历史学家的严谨、中立、独立的治学态度，理解了瑞士永久中立国地位对历史研究的独特影响。

20 世纪 80 年代留学生很少放假回国。那时瑞士很重视外国留学生，校留学生办公室经常组织以“认识瑞士”为主题的周末旅游，每次路线不同，这样可以使外国学生尽可能从地理、历史各方面认识瑞士。冬末春初，学校还会组织外国留学生去一些滑雪胜地免费体验冰雪运动的乐趣。但是寒暑假，对于更多的中国留学生来说，是学习或实习的好机会。端木美一般选择去法国强化语言及历史学习。

改革开放初期，一些法国学者已经可以到中国访问，社科院有机会接待这些学者，使端木美有缘与他们相识。此外，端木美的父亲在20世纪40年代末曾留学法国，他当年的老师虽然高龄，但仍健在，这位老人的家成为端木美假期在法国的落脚地。

1985年复活节前夕，端木美到瑞士后第一次申请签证去法国。父亲的老师、著名的女法学家发来居住证明，另一位曾到访过北京的著名法国中世纪史专家则发来邀请函，请端木美去听他的“12世纪的妇女”专题讲座。这两位都是赫赫有名的法兰西学院院士，一时惊动了在伯尔尼的法国使馆，很快就办好了端木美的赴法签证，以后几年待遇没变过，使端木美游走在瑞、法之间非常顺利。

这是端木美到瑞士学习历史后第一次到巴黎，在法兰西公学聆听法兰西院士、著名教授讲授的“12世纪的妇女”讲座，据说有许多名教授来观摩顶级教学。由于受法语水平和中世纪知识所限，很难记下笔记，但端木美也因此认识到自己的薄弱环节，找到了攻坚目标。听课固然有困难，更难的是回到住处面临的情况。父亲的老师非常慈祥，但是同样很严格。她出其不意地要求端木美复述课堂上讲的内容，这下真将了军，端木美用法语结结巴巴概述她听懂的内容，遗漏很多。过两天第二次讲座时，端木美事先看书查字典做好准备，课堂上竭尽全力听和记，回来复述时居然好些了，老夫人给予了表扬。在巴黎假期有各种收获，而两位名师的指点更令端木美终身受益。

“学术长征”的挑战

回国后，端木美专心于瑞士史、法国史的多篇论文写作，参与中国法国史研究会纪念法国大革命200周年集体编撰的《法国大革命史词典》工作。

在研究工作走上正轨后，申请主持国家社科基金项目《法国现代化进程中的社会问题》。就在这个时候，社科院院部忽然接到了一项特别的任务，需要有懂法文的研究人员用国家教委奖学金赴法国工作，调研20世纪初中国留法勤工俭学历史在法国的资料。研究所把任务交给端木美，她很不解，以为这是有关中国史的工作，与她的研究毫不相干。带着各种疑虑，端木美在1993年秋前往法国。几年以后她才意识到这是刚开始的学术生涯的一次小的转型，因为不论她后来如何解释，大家都认为她是专门研究中国留法勤工俭学历史的。

这次在法国的工作得到我国驻法大使馆的很多帮助和支持，端木美顺利地与一些相关友好人士建立联系、推进工作，并且通过历史文献的调研、对历史证人的采访，了解了这段既与中国旧民主主义革命时期“教育救国”相关，又与中国共产党成立前后背景人物相关的中法关系历史。此外，端木美还有时间和机会与法国许多学者和院校、研究机构建立了良好的关系。其间，端木美接待了访法的中国史学会秘书长，临时充当了他与国际史学会秘书长及其他法国学者会见的翻译，由此认识了一些法国史学界名人。也是几年后，她才意识到中法学术合作的基础是这样打下的，是她无意中踏上学术长征路的开端。

完成任务从法国归来，端木美全心完成两本书的工作，一本是与两位同事合作的国家社科基金项目《法国现代化进程中的社会问题》，一本是独创的《瑞士文化与现代化》。同时由于她在瑞士、法国的经历，后来开始参与一些与国际史学会的联络工作，开拓了她的国际视野，丰富了国际合作经验。

2002年年底，中国法国史研究会改选，这个研究会是改革开放后最早成立的学术团体之一，由当时健在的一批20世纪上半叶留法前辈发起，创建在老一代深厚的中法文化学术根基以及高瞻远瞩的国际视野之上，在所有的学术社团中可谓佼佼者。这次，端木美当选为会长。这是老一代全面交班的一次改选，端木美带领的是一支改革开放后成长起来的年轻团队，开始了学术承上启下的旅程。

从一开始，这个团队就明确以老一代学者留下的宝贵指导意见为方向：“加快培养新人，加强国际合作”。经过考察调研，很快研究会就确定“走出去，请进来”的计划。2003 年秋，实现了研究会首次团队出访，应邀在巴黎大学法国大革命研究所做学术报告，而且参加在法国南部法国大革命博物馆举办的首次中法双边“法国大革命史国际研讨会”，参会 6 人与法方十几位专家对话。这次活动很成功，当地报纸也进行了报道。这种集体走出去进行国际交流后来分别又于 2010 年、2013 年举行了一次，这两次还跨越法、瑞两国，影响很好，成为一条学术外交、争取国际学术话语权的路径。

但是，端木美和她的同事更加注重培养年轻队伍，“请进来”尤为重要。从 2004 年起，中国法国史研究会与法国人文科学之家、巴黎第一大学等法国院校合作，创办了“中法历史文化研讨班”。每年秋天开学之际，以上海—杭州为中心，请来法国以及欧洲其他国家的著名人文社科学者为国内历史学研究生、青年教师开办 5—7 天的讲座和论文指导。研讨班已经举办了 16 届，受惠学员达千余人次，其中有 300 余人次还得到过旅程补贴。研讨班出版三本论文集，在中法史学界影响甚好。

这些年“走出去，请进来”能坚持下来，其中的辛苦只有端木美和她的班子体会最深，这就是学术的“万里长征”。

2013 年 2 月，端木美在法国巴黎瑞士驻法国大使馆代表“中法瑞历史文化研讨班”致辞

欧美同学会留影

端木美回国后加入欧美同学会，分属留瑞士分会，曾担任过瑞士分会常务副会长兼秘书长、分会会长；也当选过总会副会长，分管妇女委员会，担任主任，在这个平台上，她尽心尽力发挥自身优势做好民间外交工作。

在瑞士分会，端木美和她的同事们积极与瑞士驻华大使馆联系，常常邀请大使、其他外交官员来参加欧美同学会的活动，加强相互认识、了解。特别是先后组织出版五册《在瑞士的岁月》，这是不同代际留瑞士人员的回忆录，为中国留学史留下了宝贵资料。

此外，端木美和她的同事们还组织过两次集体出访。2012 年，为了向留学国高校汇报回国后的成绩并加强联系，在瑞士驻华使馆支持下，瑞士分会组织了第一次10人（带家属）集体出访，给各自母校带去很大的惊喜。无论是接待还是报告会都受到高度重视，在洛桑甚至有市长出来接见；在伯尔尼有瑞士大学校长联谊会负责人组织座谈会；我国驻瑞士大使馆、苏黎世总领事馆都出面热情接待宴请。这是一次空前的全面汇报改革开放后在瑞士的留学人员成绩的活动，在瑞士留学史上留下浓墨重彩的一笔。

2018年秋，欧美同学会总会决定在瑞士洛桑举办第16届“21世纪中国论坛”，瑞士分会与瑞士中国学人科技协会等团体承办此项活动。瑞士分会领导班子很快选择地点、联络中瑞相关机构和人士，配合总会推动组织工作，并派出端木美等5人工作小组提前到达瑞士，落实各项工作。这是第二次集体出访，与上一次访问高校有所区别。除了会议筹备工作，小组还抽空拜访了有关人士和老朋友，了解瑞士民情，参观了职业学校和有瑞士特点的机构、工程等，对瑞士社会经济发展有了新的认识。论坛召开那一天，会场高朋满座，同学会会长做主旨发言，来自中瑞双方教育、科技、外交、社会团体等各界代表发言，传达了中瑞友好、合作的积极信息，论坛圆满成功。这次出访归来，端木美荣获瑞士驻华使馆中瑞关系突出贡献证书。

在欧美同学会，端木美是任期最长的妇委会主任，曾经当选为全国妇联第十一届执委。上任之初，她是同学会总会副会长，与来自15个分会20多位妇女委员一起开始为占同学会三分之一强的女性海归服务，迄今已经十几个年头。在这期间，妇委会以创新又接地气的方式活跃欧美同学会工作，不断鼓励留学归国人员不忘留学报国的初心。从这届妇委会起，“三八”妇女节、“六一”儿童节成为广大女性会员，甚至青年男会员、当了祖父母的老年会员相聚总会的品牌联谊活动。妇委会还组织有关妇女权益的研讨会、关于妇女健康的咨询活动、关心海归人员婚姻与家庭的活动等。作为全国妇联的团体会员，妇委会更是配合全国妇联文件要求，积极学习党的方针政策、参与支持全国妇联组织的相关活动。妇委会在整个欧美同学会里表现突出，充满活力、团结一致，巾帼不让须眉，召之即来、来之能战，每次活动都得到广泛赞誉，深受会员们好评和支持。当 2019 年全国妇联授予端木美全国“巾帼建功”标兵称号时，她深情说道：“这不是我个人的荣誉，而是欧美同学会全体妇委会委员们共同的荣誉。”

『心系国家事，肩扛国家责』

——记王悦委员的公益创业之路

王悦，欧美同学会妇委会留美分会委员。北京科技大学硕士，北京大学硕士，美国芝加哥大学MBA。现担任汇欣苑（北京）科技孵化器有限公司董事长，以及留学人员支持大学生就业创业培训孵化基地创始人。此外，她担任留美分会副会长、文体委员会副主任、海归创业学院导师，同时是北京市女企业家协会理事、北京市妇女对外交流协会理事。

开启公益创业之路

2011 年年底，在陈至立副委员长的倡议和推动下，由全国妇联、教育部和人社部共同发起了一个支持女大学生创业的公益行动。全国妇联发展部特地邀请王悦所在的花木兰基金作为本次行动的特邀支持单位，希望他们能够为女大学生创业探索一个可商业化运作、可持续发展的新模式。2012 年春节之后，他们开始了十多年的公益创业之路。

经过一段时间的摸索，他们逐渐形成了自己的支持女大学生创业的模式，包括以下四大体系：项目体系、培训体系、资金体系和导师团体系。按照这种模式，他们从几十个项目中层层选拔，筛选出三个适合女大学生创业的项目。随后，带着这些项目进校园，寻找感兴趣的学生，组织项目方对学生进行培训，并挑选合适的候选人。然后，落实资金，寻找场地，注册公司等。经过一段时间的努力，他们在北京开了三家支持女大学生创业的示范店，分别采用三种不同的模式：店中店、直营店和合作店。同时，还测试了更多的项目，希望找到适合大学生创业的项目和模式。

由于花木兰基金不是慈善基金，很难持续支持这种公益项目，他们做了没多久就没有资金来源了。眼看这么有意义的项目就要搁浅，王悦非常着急。她四处筹集资金，跟亲戚借，跟朋友借，甚至卖掉了自己的奥迪车，还卖出了股票，停掉了部分保险，总算又让这个项目重新启动了。当然，从那个时候开始，这个项目就变成了留学人员支持女大学生就业创业的公益项目。因为王悦觉得，大学生就业难已经成为一个需要关注的社会问题，如果留学人员能够在这方面尽一些微薄之力，也是一种新时代的留学报国。他们的留学报国不应只停留在口号上，而应该向老一辈留学人员学习，把爱国热情体现在具体的行动上。

他们的模式逐渐得到社会各方的认可，很多媒体也对他们的项目进行了采访和报道，包括《人民日报》(海外版)、新华网、《中国日报》、《中国妇女报》、新浪、搜狐、网易、凤凰网，《联合国青年技术培训》杂志、英国广播公司等。先后有几百位大学生在他们这个平台上进行了各种形式的锻炼，学会了一技之长，也学会了自强自立。

就业创业培训孵化基地示范窗口

当然，在回顾这段支持女大学生创业的经历时，王悦他们也清醒地认识到，这种单店模式能够支持的大学生数量是比较有限的。而且，绝大多数大学生并不适合直接创业，因为他们缺乏创业所需的各种要素，更多的大学生首先需要的还是就业。于是，从 2015 年开始，他们就探索把这个项目扩展到中关村房山园，因为那里有良乡大学城，可以为更多大学生提供就业创业的机会。王悦首先推动欧美同学会和房山区政府共建留学报国基地，然后又建立了汇欣苑（北京）科技孵化器有限公司和留学人员支持大学生就业创业培训孵化基地。

之所以要建立科技孵化器，一是应房山区政府的邀请；二是因为在过去五年多的项目运作过程中，他们强烈地意识到，为了更有效地促进大学生就业和创业，必须引入更多企业的参与和支持。为此，汇欣苑科技孵化器探索出一个企业孵化与支持大学生就业创业相结合的运作模式，并研发出一套独特的“企业参与的支持大学生就业创业培训孵化系统”。公司的主营业务包括两个部分：一部分是企业的引进与孵化，他们将综合运用各种资源来推动企业的发展并提供所需的各种服务；另一部分是带领企业参与支持大学生就业创业的公益行动。汇欣苑的创新点主要体现在以下几方面：

第一，把企业发展和大学生就业创业有机结合。

企业能够为大学生们提供培训、实习、兼职、就业和创业的机会，大学生也可以为企业提供源源不断的人才储备。从而很好地解决了这对长期存在的矛盾——大学生找不到合适的工作，企业也找不到合适的人。同时，能够推动企业履行社会责任，更好地体现自身的社会价值。

第二，把公益项目和商业运作有机结合。

王悦他们在参与国家三个部委发起的这个项目的头五年，一直是在做纯公益。但是，纯公益很难持续，也难以推广、扩大。然而，通过引进企业方，可以把这个项目变成半公益，形成多方共赢的局面：既可以促进企业发展，推动大学生就业创业；还可以带动地方经济发展，提升孵化器的品牌影响力和经济效益。

同时，支持大学生就业创业是一项非常复杂的系统工程，不可能由一两个人或者一两家企业来完成。所以，本身也需要唤起全社会的关注与支持。

第三，不仅孵化项目，同时孵化人才。

汇欣苑孵化器创立了中国第一家留学人员支持大学生就业创业培训孵化基地。他们不仅能够帮助政府解决大学生就业创业问题，还可以储备人才，实现可持续发展。

这里所说的孵化人才，主要是帮助大学生开阔眼界和提高综合素质。企业主要提供行业培训，汇欣苑主要提供通识教育，这两方面加起来正好可以弥补目前中国高校对大学生主要进行专业教育，导致大学生实践能力不强，找工作困难等问题。汇欣苑大讲堂可以为学生们传授各种知识，包括组织留学人员进校园交流团、企业参访、园区参访等联合公益项目。汇欣苑活动中心组织的多种形式的活动也可以锻炼大学生的实际动手能力，让他们学有所用，人尽其才；特别是一些公益性的活动，可以增强大学生的社会责任感和奉献意识。通过这些创新性的探索，逐渐让汇欣苑科技孵化器成为全国支持大学生就业创业的一个示范窗口。

成为推动中国社会企业发展的重要力量

由此可见，汇欣苑科技孵化器不同于社会上常见的孵化器。其起源于国家三个部委发起的大型公益项目，后来发展成为留学人员支持大学生就业创业培训孵化基地。该孵化器内汇集了一批高科技、文化创意以及现代服务业方面的优秀企业，而且能够带动企业积极参与公益项目，为大学生等重点就业人群提供从培训到实习、兼职、就业和创业的“一条龙”服务。所以，汇欣苑是既有经济价值，又有社会价值的新型企业。当时正好赶上 2016 年中国开始从国外引进一种新的企业形式，叫作社会企业，能够用商业手段创造性地解决社会问题，跟汇欣苑所做的事情不谋而合。王悦很受启发，在 2019 年创立了汇欣苑社会企业孵化器，成为中国首批十大社会企业孵化器之一。从此，汇欣苑孵化器明确了自己的三大使命，并在日常工作中不断推动前行：

第一，汇欣苑致力于推动中小企业健康发展，为中小企业提供各种类型的增值服务，包括企业注册、财务 / 税务 / 知识产权代理、政策申报、战略规划、营销推广、业务拓展、融资顾问、资源整合、品牌宣传、人才培训、对外交流等，努力帮助中小企业解决发展中的各种困难和问题。

第二，汇欣苑致力于帮助大学生等重点人群就业创业。他们通过留学人员进校园交流团、汇欣苑大讲堂、大学生训练营、企业参访和培训等多种形式，为上万名大学生提供了职业生涯规划及就业创业培训，并提供了很多实习、兼职、就业、创业的机会。特别是在 2020 年 6 月，大学生受疫情影响就业困难的时候，汇欣苑组织爱心企业一次性为大学生提供了近 70 个工作岗位。2021 年第一学期，汇欣苑和中国社会科学院大学联合开设了创新创业课程，帮助学校提高大学生的实践能力。同年 5 月，汇欣苑的创始人王悦还应邀参加了北京市 60 多所高校联合举办的首都大学生创新创业大赛，担任评委。

第三，汇欣苑致力于培养更多既有经济价值又有公益价值的社会企业，努力推动在孵企业积极参加公益活动，特别是积极参加 2020 年的抗疫活动。在那场特殊的战役中，汇欣苑社会企业孵化器充分利用自身的平台优势，在抗击疫情的各个阶段都发挥了独特的作用。在抗疫初期，汇欣苑不仅自身参加捐款捐物，还积极动员和支持孵化器内多家企业为抗击疫情捐款捐物近 300 万元。在抗疫中期，汇欣苑积极支持中小企业复工复产。在抗疫后期，汇欣苑积极支持大学生就业创业，并参与捐赠境外大学和机构的抗疫，汇欣苑参与了抗击疫情的全过程。

与时俱进，推出汇欣苑云平台

从 2021 年开始，为了应对疫情，王悦他们又组织各方资源研发了汇欣苑云平台。这是一个集培训、活动、招聘、资讯为一体的线上孵化系统，能够帮助汇欣苑更好地实现自己的三大使命：助力中小企业健康发展，帮助大学生就业创业，为中国培养更多既有经济价值又有社会价值的优秀社会企业。

汇欣苑云平台包括大讲堂、活动中心、招聘中心和资讯中心。大讲堂又包括就业创业培训、企业服务、社会企业及通识教育四大板块。大学生可以在大讲堂里学习各种知识，在活动中心参加各种活动，还能够随时在招聘中心找工作。学知识、拓人脉、找工作，一站搞定！企业也可以在大讲堂里查找各种服务及相关政策，还可以随时把用人信息发在招聘中心。大学生和其他求职人员可以随时在自己心仪的工作岗位上投简历，从而实现跨地域、全时段、高效率的企业招聘对接。活动中心也能够随时组织各种线上线下活动，包括与合作伙伴们联合举办的活动，并可以对线下活动进行全程或部分直播。直播的内容将在云平台上长期保存，方便没能参加活动的人员随时回看。疫情虽然能阻止他们的线下交流，却不能阻止他们的线上合作。汇欣苑云平台愿意帮助更多的中小企业、大学生等重点就业人群和潜力社会企业获得美好的发展前景。

留学报国永远在路上

王悦在十多年的公益创业历程中，一步一个脚印地用实际行动体现了留学人员“心系‘国家事’，肩扛‘国家责’”的留学报国精神。为此，她的行动得到各方高度评价。2011 年获得欧美同学会授予的优秀留学人员工作者称号。2012 年，在中国妇女报社、国资委群工局以及中国市长协会女市长分会等单位联合主办的中国经济女性年度人物评选活动中，被评为 2012 年度中国优秀经济女性。2013 年，被推选为全国妇女代表大会代表。2014 年年初，作为全国女大学生创业导师代表，与三个部委的领导共同启动了当年的助推女大学生就业创业行动。2015 年，被评为北京市三八红旗手。2016 年，被评为欧美同学会海归创业学院优秀导师。2017 年，王悦创立的汇欣苑科技孵化器被评为该年度的“中国好社企”。2018 年，汇欣苑及其创立者又在全国优秀社会企业家评选中获得“最佳社会创新孵化奖”。2019 年，王悦在科技孵化器的基础上创立了汇欣苑社会企业孵化器，致力于为中国培养更多既有经济价值又有公益价值的社会企业，成为中国首批十大社会企业孵化器之一。2020 年，汇欣苑又获得了“2020 向光奖 · 抗疫特别贡献企业奖”入围企业；王悦本人也获得北京市民建颁发的抗击疫情先进个人奖。2021 年 5 月，汇欣苑被中国社会企业服务平台认定为北京的城市合伙人。2021 年 6 月，汇欣苑又在首届北京市优秀社会企业评选颁奖典礼中获得了两个大奖：社会企业抗疫奖和社会企业优秀支持机构奖。

在继续前进的新征途上，王悦委员时刻不忘初心，发扬留学报国的精神，带领团队更上一层楼为国争光。

践行者永不言退

——记国有企业文艺创作工作者王鹏鹏

王鹏鹏，欧美同学会澳新分会秘书长兼妇女委员。撰稿人、戏剧制作人，中国演出行业协会授予高级职业经理人，目前任职北京天桥盛世投资集团有限责任公司节目制作中心总监，曾被集团授予“突出贡献奖”“优秀经理人”“优秀创作团队”等荣誉。2018 年被北京市西城区妇联授予“西城区巾帼建功标兵”“国资之花”称号，2018 年被中共北京市西城区委和北京市西城区人民政府授予“第三届西城百名英才之突出贡献人才”荣誉称号，2019 年获得中国（广州）国际演出交易会组委会“金牌演艺经理人”。

作为从事文艺创作的国有企业，坚守思想性、艺术性和人民性是它的使命。作为一名国有文艺创作企业的工作人员，面对党和国家对文艺工作提出的根本纲领，所在企业从事文艺创作的使命、责任与目标，还要立于当下，与时俱进，面对市场经济的大潮，面对新时代线上技术突飞猛进对线下作品的巨大挑战与变迁、面对票房的压力、面对资本的诱惑，如何孕育优秀的、具有生命力的文艺作品，是王鹏鹏这些年在国有企业文艺创作工作中一直思考的重要课题。

王鹏鹏在南澳大学完成文化与艺术管理硕士学位，之后在阿德莱德的艺术机构工作，2007 年回国工作。她先后结缘三家国有文化单位，以无比的热忱开启了她近十五年国有文化单位艺术创作和管理的工作之旅。她在探索中深入思考，在思考中付诸实践，在突飞猛进的时代变迁中求新蜕变，在所热爱的领域脚踏实地、坚定不移地工作着、奉献着、成长着。

王鹏鹏认为，文化工作就是走在继承传统和观照现实的理想里。她深谙演艺作品属于精神层面的消费品，兼具艺术性与娱乐性，要经得起市场的检验，符合国家的主旋律，符合当下大众的审美需求，推陈出新是永远的挑战、生生不息的努力方向。她说因为自己在国外多年，对中华文化有更多的自信，

“一部优秀的文艺作品带来的是归属感、自豪感，折射着民族文化发展的先进性”。

八年不倦怠　弹指一挥间

2006年，王鹏鹏在阿德莱德艺穗节上发现，据统计，当时有6000多位艺术家参与，却没有中国文艺作品展现。虽然今非昔比，但十几年前的那种失落感仍记忆犹新。

也许正是中国文艺作品在世界舞台上的缺席，激励了这名留洋学子，成为王鹏鹏归国耕耘的持续动力。她归国后任职的第一家单位是保利文化集团的演出部门，主要工作内容是引进海外优秀剧目。当然，她并没有止步于销售和票房，而是以提升观众的鉴赏力和本土创作工作者思路与眼界为目标，在传播上特别注重挖掘每一部文艺作品的文化内涵与技术含量，她付出的努力与艰辛也是可想而知的。例如，她津津乐道的 *Bloody Wedding* 在国内被译作《吉普赛婚礼》，是西班牙三大弗拉门戈经典舞剧之一，可是彼时中国观众对弗拉门戈知之甚少，更别提这部剧背后的历史了。于是，王鹏鹏精心将剧目的媒体发布会策划成了“拜师会”，请彼时红极一时的《超级女声》节目中会西班牙语的歌手[①]，向本舞剧主角——帕克 · 莫拉，西班牙国宝级弗拉门戈舞蹈家拜师学艺，于是弗拉门戈舞从节奏、指法、腕法及脚法，徐徐展示开来，让届时媒体记者震撼地感受到“带着自由和镣铐共舞”的弗拉门戈之魅力，进而传播给广大观众。王鹏鹏说“叫座还得叫好”，希望舞台上下皆为知己，而自己的努力就是成为优秀艺术作品与目标观众的“搭桥人”，她说彼时她的努力目标就是研究观众、研究市场。

① 指尚雯婕。

引进并推广演艺作品是繁荣文化市场的一个重要方面，但是如何让带着中华文化基因的艺术作品走出去，走向国际舞台，这是在王鹏鹏内心深处依然咚咚作响的梦想。2010 年，机缘巧合，她有机会加入北京东方文化资产运营公司，这是北京市东城区区属重点文化单位，它拥有完整配套的内容创制与运营体系，从企业资产、人才到愿景规划。王鹏鹏说，从原创音乐剧的创制、剧院建设与管理、专业人才队伍的培养，这是她职业生涯中很重要的工作实践。2010 年的中国原创音乐剧市场，依然是三宝、李盾等寥寥几位先行者的苦旅，虽然国外成熟的音乐剧市场展示了原创音乐剧作品“巨大的艺术与商业价值”，但是“从哪里开始？如何突破？本土音乐剧如何创造市场奇迹？……显而易见，没有参考答案”，王鹏鹏说到这里，笑起来，“与其站着追问，不如起而行之”。这一起，就行了五年，其间参与完成了两部原创华语音乐剧《爱上邓丽君》《王牌游戏》的创制与运营，同时又投入到一座新剧院的建设中。“那个时期除了睡觉就是工作！”王鹏鹏想起那段时光，眼中闪烁着光亮，“但是收获最大，心得最多”。时任常务副总的她，在进行剧场建设的同时，按照集团对剧院的定位，着手剧院管理体系的理论建设、全年演出内容的筹备、自制剧目的筹划与创制。她回忆到，当时她建立的以项目运营中心为核心的剧院管理沟通体系今日仍然具备先进性，在这个体系中一张表解决了各部门间的协作问题，轮值制度促进了各部门对彼此业务与工作界面的了解，以最节省人力的方式实现了所建构的剧院管理体系的时效性、高效性。

行走在追梦的路上　荏苒又八年

2009 年的一则重磅消息引起王鹏鹏的热切关注：“北京市将在南城天桥地区规划和启动一处国家级演艺集聚区”，这标志着北京首都核心演艺功能区建设的开启。更让她欣喜的是，北京市西城区政府在“十二五”规划中明确提出天桥演艺区“中华传统文化与现代艺术结合”的功能定位。2014 年春，她调入北京天桥演艺区工作，彻底展开全方位艺术生产、管理与运营的探索之路。

王鹏鹏从 2014 年正式调入天桥集团工作，已经八个年头，“看似寻常最奇崛，成如容易却艰辛”。最近三年，在新冠肺炎疫情影响下，演艺事业更是陷入前往未有的困境，真是一路风风雨雨。但是，站在我们面前的，仍然是阳光开朗、精神抖擞、不肯“躺平”的她，她说：“多好的机会，慢下来，毕竟深耕细作才能出精品。”

王鹏鹏工作照

王鹏鹏说：“虽说我是一名海归，但我一直以为我很接地气儿，毕竟我在自己本民族的文化里长大。但是，进入天桥集团工作八年后，我才发现，我刚刚接上地气儿，循序渐进是取得良好效果、达成目标的最佳方案。”王鹏鹏说起这几年的工作时，她说自己的思考逻辑以及考虑事情的格局也发生了变化，这缘于北京市西城区国资委组织的一次江西井冈山革命老区的实地走访与深度采风。这次采风对她的影响是深刻与深远的，王鹏鹏说：“短短一周的时间，满满的感动、感悟和震撼，井冈山精神是中国革命精神之源，给予我深刻的启示，作为一名在国有企业从事艺术生产的工作者，我更加坚定了文艺创作的人民性，令我能够超越企业层面，从更高的格局对国有企业的文艺创作工作展开思考。”下面几则，是王鹏鹏讲的看似平凡琐碎，却又颇有成效的工作故事。

第一则：委约制作开幕大戏，压力山大

2014年，王鹏鹏接手第一个任务——委约制作北京天桥艺术中心中剧场开幕大戏《北京法源寺》。王鹏鹏工作的这家单位自2014年年底正式重组成立，肩负着首都核心演艺区“北京天桥演艺区”的建设与发展任务，这些年按照天桥老城复兴规划的思路，全方位地开发和打造文创、演艺和展示空间，致力于让天桥演艺区成为具有国际影响力的演艺聚集地，成为展现北京作为国家文化中心的独特魅力。随着天桥演艺区硬件设施的不断完善，综合演艺中心——北京天桥艺术中心即将全新落成，它的定位就是“引进+自制原创”相结合，在这样的战略下，集团决定委约制作话剧《北京法源寺》。

坚守文艺创作的人民性，其实就是要求文艺作品凝聚文化认同，体现中国精神。2015年12月5日，天桥集团邀请田沁鑫导演，联合中国国家话剧院创制完成的第一部话剧《北京法源寺》首演。作为北京天桥艺术中心中剧场的开幕戏，一经演出，获得业界和观众的一致肯定，与在大剧场引进的开幕演出——音乐剧《剧院魅影》相映生辉，让北京天桥艺术中心一开张，即迅速进入海内外专家学者和中国观众的视野，奠定了天桥演艺区“为百姓引进高质量节目、制作优秀中国原创作品”的工作宗旨。首部原创剧目《北京法源寺》从原著的版权购买，到前期的创制筹备、排练合成，再到首演，经历了三年时间，在创制期间工作团队顶着很大的压力，因为它不仅是天桥演艺区起步项目——北京天桥艺术中心中剧场的开幕戏，还在一定程度上代表着中国原创作品的水准，承载着“天桥盛世出品”的品牌形象。《北京法源寺》工作团队经过艰苦卓绝的三年努力，以田沁鑫为核心的创作团队从未偏离讲好中国故事的信心，一经首演，就以其强烈的爱国主义内涵、深刻的富国强民的思考、仁人志士救国图强的牺牲精神而引起轰动，取得市场与艺术兼修的成果。《北京法源寺》成功了，它入选文化部精品工程，被评为2016年度“壹戏剧大赏”年度大戏，它名列国家大剧院近年来话剧票房销售的前列，它出现在香港文化中心，它呈现在台北孙中山纪念堂，它亮相上海国际艺术节一票难求。《北京法源寺》的演出实践证明精品剧目的一个重要社会价值就是集聚文化认同感。2017年11月8日—9日，它在台北孙中山纪念堂连续演出三场，逾2500座的剧场场场爆满，谢幕时观众给予热烈的掌声。当时的情境至今仍然让王鹏鹏十分感动，她说：“这让我相信一部优秀剧目所带来的文化影响、产生的文化认同感是非同一般的，优秀的文艺作品的真正价值，在于文化层次的深层交流，在同根同源的两岸文化交流中必将产生共鸣。让我相信只有坚守共同的中华美德，传承优秀的中华文化基因，才能消弭历史造成的隔阂和误解，增加互信，促进两岸的和平发展。演出后，许多台湾朋友纷纷赞叹，说在如此精彩绝伦的剧目中领略老北京的故事，感受老北京的文化，拉近了两岸同胞的心理距离。”

第二则：欢乐永不落幕，为文化地标添砖加瓦

坚守文艺创作的人民性，就是为人民服务，满足人民过上美好生活的新期待，提供丰富的精神食粮。在成功推出首部原创剧目《北京法源寺》后，2017年天桥集团又为有3—7岁孩子的家庭推出自制大型儿童舞台剧《石中剑传说》。这个剧目将魔术表演融入经典的传奇故事，让所有的小观众带着强烈的责任心参与了一次成长之旅，90分钟的演出是在小朋友们震耳欲聋的笑声、尖叫声中精彩完成的，也受到观看演出家长们的热烈好评。在新时代，坚守人民性，就是要充分了解人民对于文艺的需求，为人民的日常生活提供

高质量的文艺作品，将代表中国精神的真善美充分融入作品，造福人民的幸福生活。

坚守人民性，就要讲好中国故事，创作符合时代审美的，有筋骨、有道德、有温度的作品，能够鼓舞人民为实现中华民族伟大复兴的中国梦不懈努力，对当下和未来充满希望。2018 年，天桥集团与北京演出公司合作，推出致敬老舍先生的话剧作品《老舍赶集》，取得市场一致好评。老舍先生的作品里是满满当当的京味文化，在栩栩如生的小人物的故事里“笔触往往延伸到民族精神的挖掘或者民族命运的思考……”表现出鲜明的爱国题旨和对理想生活的追求。这部戏剧作品 2018 年 5 月在“海纳百川”的上海和“兼容并蓄”的北京先后演出，均得到观众热烈的响应。

第三则：传统也是创新而来，原创音乐剧从戏曲出发吧

坚守文艺创作的人民性，还应把创新精神贯穿创作生产全过程，让文艺创作与时俱进。近十年来，国外很多优秀的经典音乐剧作品不断被引进，迅速风靡中国市场。音乐剧 19 世纪起源于英国，以其综合、现代和多元的音乐形式通俗易懂，深受大众欢迎。音乐剧的出现，是欧美地区为少数人服务的“所谓高雅艺术的没落”而催生的，它突破传统，用现代观众最喜爱的唱法，将音乐与各种现代舞蹈元素以及表演有机结合，应用先进的舞台技术、布景技巧、灯光、音响制造感官效果，推出了不少经典作品。但是音乐剧这种现代文艺形式在中国的发展较晚，近年因为受到它极佳的“商业性”的吸引，不断有中国原创的音乐剧作品出现，遗憾的是少有经典作品呈现。作为一名文艺工作者，王鹏鹏在将近十年制作并探索音乐剧创作之路上，坚定了一个创意和理念——“从戏曲出发，制作中国特色的具有国际水准的音乐剧”。王鹏鹏说，这个理念，当遇到《杨月楼》这个剧本和擅长“老戏新说”的李宝春老师及几位锐意探索戏剧与时俱进的老戏骨时，就有了呈现的可能性。这部戏从技术上，是以中国戏曲为根基，用全新音乐形式将京剧、评弹、RAP（说唱）表演形式有机融合，利用先进的舞台技术和装置丰富视觉，这样既保留了戏曲艺术写意的美学功底，又以多元的艺术理念，充分利用现代舞台空间，无论是“戏中戏”，还是“戏外戏”均好听、好看。这部戏的文本是根据晚清名伶杨月楼的故事改编，作为跌宕起伏的晚清奇情冤案，是辛酸往事，也讴歌了大时代，让观众体味前辈艺人从“戏子”到“艺术家”地位及艺术价值的转变，是时代进步给予的机会。对于这部戏的主题，李宝春说“回顾历史，不忘艰辛，珍惜眼下，检讨旧习，思谋改变，亦能很好地传承、发扬、光大”。《杨月楼》以音乐剧的形式，携着传统的优秀基因经创新而成，一经首演不仅得到老、中、青观众的一致喜爱，引发广泛好评，更是引发业界深度探讨。目前《杨月楼》工作团队正在修排，准备以更精良的呈现奉献给观众，希望它能够成为一部真正具有代表性的中国原创音乐剧作品，立稳于中国市场，受到百姓的追捧，同时也能成为一部带着中国优秀文化基因并具有国际水准的作品走向国际舞台，成为一部传承中国精神，市场价值与艺术价值兼修的作品。王鹏鹏说，好的作品就是初心，靠艺术家们的生产创作；好的市场就是要把好的作品宣传出去，靠艺术管理团队的努力，这是一个艺术生存发展的体系。她说：“我的信心来源于——坚守作品的人民性，勇敢创新，立基于传统，从博大精深的戏曲传统中发现、突破和超越，能够闯出一条中国原创音乐剧的创制之路，贡献于文化创作生产的进步，为增强中国文化产业的核心竞争力而努力。”

第四则：时间证明，好的作品将穿越时光，赢得市场

坚守文艺创作的人民性，把作品的社会效益放在第一位，必将面临无数困难、挑战和压力。在文艺创作方面，摸爬滚打五年，几部“天桥盛世出品”的作品，以其过硬的艺术品质已经赢得好的口碑，但是立身于市场，面对持

续的艺术生产和持续的演出运营，天桥集团的文艺创作团队和所有文艺团体一样，需要在困境中拼搏，在资本的诱惑面前取舍，立意高远，树立长远扎实奋斗的思想。

这时，王鹏鹏谈到扎根天桥的意义。她说取舍之间，其实是对坚守理想的一次考验。第一部原创剧《北京法源寺》于 2015 年 12 月 5 日首演至 2021 年 12 月底，历经六年，这部剧的创投资本全部收回。这带来巨大的启示：第一，好的作品一定有好的市场；第二，好的作品靠实力不靠流量；第三，好的作品带来的社会效益和品牌价值是无法估量的；第四，好的作品是有灵魂的，是经得起时间考验的。所以，王鹏鹏说："我，作为这部作品的工作人员，收获的是自信，是五年跟踪一戏最好的学术心得！"

第五则：再难，也要乐观前往；只要向着光，每一步都将走向希望

王鹏鹏说，她深深记得波兰著名导演克里斯蒂安·陆帕在排《酗酒者莫非》时说过，再糟糕的时代，我们也不应该自甘堕落。她深受鼓舞。因为在她面前，当下的文艺创作环境是三年疫情带来的困境，文化消费力整体减弱。实际上，艺术生产的整体生态体系并不完备，比如，文艺创作与管理各环节的专业人才储备不足，文艺创作各方面的成本攀升（剧场场租、广告宣传、剧目的票务销售等），新技术在线上的应用与发展对艺术创作所带来的挑战和技术革新，等等。面对困境，如何突围？面对困境，如何创作折射时代的光彩、代表中华民族风貌的作品？面对困境，如何让作品有温度，带着希望，为人民所喜闻乐见？王鹏鹏说，向着光的方向，往前走，走的人多了，出路就有了。

作为一名戏剧制作人和文化企业的艺术管理者，"我喜欢舞台，我热爱艺术管理"，王鹏鹏展露出坚定又温暖的笑容。她说，追逐理想，本就是一个复

杂的过程，但并不虚无，需要脚踏实地，需要付出努力，需要假以时日。在接受《留学生》杂志受访时她说：“如果一个初心、一个壮志不足，我愿用坚实的脚步去奠基心中的情怀，用满怀的热情去夯实胸中的理想，做好一块砖，在文艺创作岗位，为实现中华民族伟大复兴的中国梦而努力工作。”

王鹏鹏说，她想借用雷锋同志的话结尾：“如果你是一滴水，你是否滋润了一寸土地？如果你是一线阳光，你是否照亮了一分黑暗？如果你是一颗粮食，你是否哺育了有用的生命？如果你是一颗最小的螺丝钉，你是否永远坚守在你生活的岗位上？如果你要告诉我们什么思想，你是否在日夜宣扬那最美丽的理想？”

张劳：促进中国鸵鸟业发展的留学生

张劳，1944 年生于天津，中国农业大学教授，博士生导师，曾任动物科技学院副院长，欧美同学会第三、四、五、六届理事，加拿大分会副会长，加拿大圭尔夫大学校友会会长，妇女委员会委员，北京东莞建设研究会第四届、第五届会长。2008 年被国家畜禽遗传资源委员会聘为《中国家禽遗传资源志》编写组专家和审稿专家。担任中国鸵鸟养殖开发协会技术推广（专家）委员会主任；2010 年被东莞市档案馆确定为东莞市名人档案库名人；2010 年被中国农业大学动物科技学院委员会聘为院关心下一代委员会成员；2013 年被中国农业大学研究生院聘为第四届研究生教育评估专家。她参研的科技成果“畜禽遗传资源保存的理论与技术”获 2001 年度国家科学技术进步二等奖；2003 年获宝钢优秀教师奖；2019 年获中共中央、国务院、中央军委颁发的“庆祝中华人民共和国成立 70 周年”纪念章。

张劳1944年5月26日出生于天津，籍贯广东省东莞市塘厦镇。她1962年从北京市第三女子中学毕业后，考入北京农业大学畜牧系，学制五年，在校曾任班主席、畜牧系学生会主席。1968年毕业后被分配到内蒙古，先后在巴盟军垦农场和哲里木盟丰库牧场劳动锻炼和工作。1972年调到北京农业大学任教。张劳说“我是改革开放的亲历者和受益者”，1978年北京农业大学（中国农业大学前身）恢复研究生招生，从全国共录取了32名研究生，张劳是其中之一，师从吴仲贤教授，攻读动物遗传育种专业。此时的农大还没迁返北京原校址，在河北涿县，教学条件极端困难，但老师和同学都抱定一个目标——把失去的时间追回来，尽快缩小我国动物遗传育种专业与国外的差距，弥补学术队伍的断层。导师吴仲贤是20世纪30年代留学生，在英国爱丁堡大学获哲学博士学位，他的名字刻在该校墙上。他学识渊博、坚持真理、捍卫科学的人格魅力给张劳带来深远的影响，在88岁高龄时还欣然为张劳编著的《群体遗传学概论》一书写序。吴仲贤教授要求自己文理兼优，这与我国著名科学家钱学森倡导的“大成智慧学”吻合。这样的教育理念让张劳深受启迪。动物遗传育种理论最终要指导我国畜禽育种工作，在吴仲贤教授的安排下，张劳到位于昌平的北京市种鸡场，在原种场参加北京白鸡三系的选育工作，她的毕业论文被纳入“畜禽遗传规律研究”这一科研项目中，获北京市科学技术进步一等奖。她1981年获硕士学位。

东莞市塘厦镇有一处广东省文物保护单位，即张彩廷纪念碑、福音堂、永培书室、张声和夫妇墓碑，这是张劳的先人遗留下来的建筑，有百年历史(高祖父张彩廷曾任太平天国户部侍郎)。20世纪初，张劳的祖父张子翔曾留学美国和法国学西医，此后在天津北洋医院工作，也曾担任天津海军医学校校长。1935年，张劳的父亲张伟弢在美国哈佛大学和宾夕法尼亚大学留学，获硕士学位。新中国成立后他任中央财政干部学校（中央财政金融学院、中央财经大学前身）首任会计系主任，为国家培养了大批财政金融人才。1985年，张劳作为访问学者由教育部公派赴加拿大圭尔夫大学留学。她是张家第三代留学生。当时她已是两个孩子的母亲，家人都支持她留学深造。独自在异乡，打不起国际长途电话，她只能通过书信和家人联络，一封信二十天左右才能收到。当地华人的友好给了她很多慰藉。一位东莞籍华人曾让她免费住在家里，以度过租房的空当期，学校也会在周末组织留学生外出参观、游览，她曾以崇敬的心情参观了白求恩故居。1986年暑假，她到美国国会图书馆查阅专业相关资料，没想到准备返程在纽约长途汽车站等车时，她的提包连同护照被窃。当她独自走进中国总领馆时，感觉进了家门，禁不住热泪盈眶。她补办了护照，圭尔夫大学那边很快开好了证明，办好签证后，她得以顺利返回加拿大。

在加拿大留学的两位导师，Friars（弗里亚斯）教授和McMillan（麦克米兰）教授给张劳创造了深造的机会，他们治学严谨、热情助人。加拿大华人的关心和帮助，中国留学生们的协助和关怀都成了她前进的动力。在美丽的圭尔夫大学留学期间，她学习了动物遗传育种研究生的所有课程，选修了计算机课程，应邀用英语给全系教师和三年级学生介绍中国家畜品种资源及畜牧业，应邀给加拿大高校妇女联谊会介绍中国留学生的生活，参加学校与谢佛公司联合测定肉鸡实验和昆虫模拟实验，参加美国康奈尔大学与圭尔夫大学研究生学术交流，参加美国林肯市召开的遗传学应用于畜牧生产国际会议，去美国国会图书馆查看资料等。在紧张而充实的研修中，她开阔了眼界，结识了同行专家，学到了新理论和知识，探索学科前沿。这段中西交流的经历为她回国发展打下了坚实的基础。按教育部的要求，她按期回国。学成归来，张劳继续在中国农业大学任教。她热爱培养祖国接班人的教师岗位，对自己的要求是能够承担本专业骨干课程的教学任务。她先后在北京农业大学畜牧系和中国农业大学动物科技学院任讲师、副教授、教授、博士生导师，先后主讲了本科生课程《群体遗传学》《数量遗传学》《动物育种学》《生物统计附试验设计》《动物育种学各论》，在中国农业大学国际学院用英语讲授《BIOLOGY》；她主讲研究生课《家禽育种》《现代动物育种进展》，每门课均有详细教案、习题，采用电化教学手段使内容形象生动。1989 年，她获北京农业大学先进教师奖，1991 年获农业部部属院校教书育人先进教师奖，2001 年教改项目《动物科学专业人才培养，教学内容和课程体系改革与实践》获北京市教学成果二等奖，获“宝钢 2003 年度优秀教师奖”。在教学各环节中，她注意调动学生的自主学习的积极性，通过让学生上讲台、参加调研、实习，培养学生的优良素质和综合能力，具有创造性思维和终生学习的能力，让璞玉放射耀眼的光芒，为振兴中华贡献力量。

张劳回国后建立了实验昆虫实验室，利用野生型和 py 小体型赤拟谷盗进行长期选择模拟实验。在科研方面要求自己紧跟学科发展前沿，先后主持和参加国家级、省部级科研项目 16 项，在国内外学术刊物发表论文 110 余篇。在科研团队的努力下，他们先后获农业部技术改进一等奖、北京市科学技术进步一等奖、农业部科学技术进步三等奖、农业部科学技术进步一等奖、2001 年获国家科学技术进步二等奖。

中国鸵鸟养殖开发协会在给张劳的感谢信中写道：“张劳老师，长期以来，您为了我国鸵鸟遗传育种理论及指导育种实践做了大量富有成效的工作。在您担任中国鸵鸟养殖开发协会专家委员会主任期间，为指导我国鸵鸟种鸟育种作出巨大贡献。主持制定了农业部行业标准《鸵鸟种鸟》；您曾先后代表协会出席在日本、波兰、西班牙、巴西和拉脱维亚等国家召开的世界鸵鸟发展大会，宣传介绍中国鸵鸟产业的发展和科研成果并翻译了大量国外相关资料。”由于张劳为中国鸵鸟产业所作出的巨大成就，2012 年被协会授予“促进中国鸵鸟业发展突出贡献人物”称号。

张劳荣获国家科学技术进步二等奖

张劳指导研究生参与科研，引导他们瞄准学科交叉的研究热点，发扬创新精神，尊重科学，实事求是，充分利用教育资源主动学习，以团队合作取得研究成果。她的学生中已有三位获得国家科学技术进步二等奖、农业部科学技术进步一等奖。

张劳的著作包括：《群体遗传学概论》（1999）；《动物遗传育种学》（附光盘）（2003）；《动物遗传基础》（附光盘）（2004）；主编 *Proceedings of International Conference on Development of Ostrich Estate*（2004）；执行主编《中国鸵鸟业》（2011）；主编《东莞人在北京》（2016）；主编《塘厦张彩廷家族漫录》（2018）。

2019 年是欧美同学会留加分会成立 30 周年，为表彰前辈学长对留学事业、对留加分会作出的突出贡献，张劳荣获“突出贡献奖”。她自 1989 年起任欧美同学会妇委会委员，妇委会曾邀请李政道做了一场科学与艺术的报告，对她启发很大。李政道指出，科学与艺术就像一枚硬币的两面，两者不是分开的，而是可以互相融合、互相启发。搞科学的人要有一些艺术修养，这样能够更有创造性。

张劳 78 岁了，她的生活依然充实有序，关心学生的健康成长。她自 2010 年起任动物科技学院关工委委员，2022 年获“中国农业大学关心下一代工作先进个人”荣誉称号。

留苏双姝　携手同行

——记留苏分会秘书处贾梦秋与蒋菁

贾梦秋（左图），留苏分会秘书长，北京化工大学生命科学与技术学院党委书记，教授，博士生导师。1987年毕业于南开大学化学系物理化学专业，1988年被国家教委选派到俄罗斯攻读博士学位，1993年4月毕业于俄罗斯门捷列夫化工大学，获理学博士学位。俄罗斯“友谊与合作勋章”获得者，乌克兰国家工程院外籍院士。

蒋菁（右图），留苏分会副秘书长，欧美同学会妇女委员会委员，中国社会科学院俄罗斯东欧中亚研究所副研究员，全国妇联第十二届执行委员会委员，北京市东城区第十六届、第十七届人大代表，第十七届人大常委会委员，九三学社中央社会建设委员会委员。1998年6月—1999年7月，在俄罗斯公派进修，2006年毕业于俄罗斯乌拉尔国立技术大学，获博士学位。

引　言

1921年春，在李汉俊等人的安排下，几十名学员启程远赴苏联东方劳动者共产主义大学学习，由此开启了百年留苏之路。数万留苏（俄）人员从探索救国图存道路到马克思主义在中国的传播，从促进新中国各项事业发展到追寻中华民族复兴伟大梦想，涌现出了一大批优秀的留学归国人员。改革开放后，随着中苏关系的缓和，两国的留学生互派工作随之展开。20世纪八九十年代主要以公派留学生为主。进入21世纪后，自费留学生数量逐年增加，主要留学目的地为俄罗斯、白俄罗斯和乌克兰。他们沿着留苏先辈们的足迹，传承老一代学长“留学报国、团结奉献”的精神，积极投身改革开放和社会主义现代化建设，成为中国科技、教育、经济、文化等领域的领军人物，为祖国的发展和民族的复兴贡献留学人员的力量。其中不乏优秀海归女性的身影，她们有知识、有思想、有能力，在做好自身工作的同时，还热心参与留学人员组织的建设与发展，利用业余时间在欧美同学会做公益活动，发挥优势积极展开民间外交和国际合作，为对外友好交往作出贡献。比如，留苏分会新一届会长中的三位女副会长：全国人大代表、大连外国语大学的校长刘宏教授，北京大学党委组织部部长宁琦教授，中国人民大学深圳研究院常务副院长关雪凌教授，以及秘书处的贾梦秋秘书长和蒋菁副秘书长等，都在各自的工作岗位上有所建树，同时为分会发展作出突出贡献。受篇幅和条件所限，我们不能一一列举她们做出的成绩，只能选取不同时期我们相对熟悉的个别代表人物。通过她们，展示新时代奋进中的海归女性的风采。

多年来，贾梦秋和蒋菁作为留苏分会秘书处的骨干，在秘书处老学长们无私奉献的精神感召下，工作之余把大量时间和精力投入到了分会的建设与发展中。她们与分会秘书处的年轻学长们携手同行、相互配合，利用业余时间共同组织了很多有影响力的品牌活动，受到了广大学长的充分认可。切实发挥了欧美同学会团结留学人员、凝聚爱国力量、促进国家发展和加强民间外交的作用，用实际行动传承着留苏前辈们留学报国、团结奉献的光荣传统。

榜样力量　代代相传

20 世纪 50 年代的留苏学子是一个特殊的群体，他们为新中国的建设和各行各业的发展作出了突出贡献。老一辈留苏学生在苏联学习期间所展现的刻苦、自律、拼搏的精神面貌，给那一代的苏联学生留下了深刻的印象。

初到俄罗斯，在高校遇到的老师和我们闲谈时，总会提起当年一同学习的中国留学生，说当时学校的图书馆总是到最后一个中国学生离开才关门，而在学校自习室自习的中国学生也通常占据大多数。他们以建设祖国为目标刻苦学习，一刻都不放松地严格要求自己，这种学习态度和生活作风让同班的苏联同学记忆深刻。记得有一位俄罗斯老师说，过了半个多世纪，他们班上一半苏联学生的名字都记不住了，但是同班的中国学生的名字，他一辈子都记得。或许，这也是那一代苏联人一生对中国人十分友好的原因之一。这些闲谈中的点点滴滴，让年轻的我们对老一辈的留苏学长们充满了好奇和敬佩。同时，这种榜样的力量也激励着新一代的留学生们。

学好本领　报效祖国

贾梦秋和蒋菁学长在留学期间，都以全优的成绩通过所有考试，并且一次性全票通过博士论文答辩。学成归国后，她们始终牢记留学报国的使命，以老学长们为榜样，各自在专业领域刻苦钻研，取得了一系列重要的科研和学术成果。

贾梦秋学长留学归国后，在所从事的功能性重防护涂层材料制备与性能研究以及应用开发、先进储能材料关键制备技术方面，尤其是在耐高温防腐涂料研制设计与研制，重防腐高耐磨涂料、超疏水海洋重防腐涂料和环氧有机硅防腐涂料的研究，特种耐高温复合材料的制备，锂 / 钠 / 钾离子电池与锂硫电池等先进储能材料设计、制备和性能研究等方面，硕果累累。她作为国家自然科学基金、北京市自然科学基金和多项企业合作项目的负责人和主要参与人，在诸多国内外专业核心期刊发表 SCI 论文 100 余篇，获得国家发明专利 8 项，通过部委鉴定成果 3 项，编写国家标准 1 项，出版精品教材 1 部。同时，还为国家培养了几十位优秀的研究生。

蒋菁学长两次留学归国以来，一直从事与俄罗斯相关的工作。从事学术研究以来，已发表专著 7 部，其中中文独著 1 部，俄文专著 1 部，在俄先后印刷 3 次，受到业内好评。此外，还与俄罗斯学者合著俄文专著 2 部，与中国学者合著专著 2 部，独立与合作发表各类学术文章和研究报告 60 余篇，总计已发表 100 余万字的研究成果。同时，主持和主要参与完成部委交办课题、社科院创新工程课题、国家社科基金等多个重大项目，撰写多篇内部报告。并且积极与俄罗斯母校及相关科研院所保持联系，展开多项合作研究，涉及多个研究方向。此外，还多次受邀为俄罗斯学生授课，并在俄罗斯的主流媒体和核心期刊通过撰写学术文章、参加国际学术会议、视频连线采访和主题发言等方式发出中国声音，讲好中国故事，介绍中国治国理政的经验和改革开放取得的成就。

团结奉献　携手同行

贾梦秋和蒋菁学长留学归国后，都在第一时间加入了欧美同学会，从青委会到秘书处，几十年如一日作为志愿者默默奉献，热心服务广大学长，积极为分会建设与发展出谋划策，倾尽全力，逐步成为分会发展的中坚力量。

分会成立近三十年来，成功举办的重大活动数不胜数，这背后无不凝聚着秘书处和所有志愿者的辛劳付出。他们来自各行各业，利用业余时间来组织和参加分会的活动，充分体现出这一组织特有的魅力。贾梦秋和蒋菁学长自第五届理事会开始在秘书处共事以来，已经走过了 15 个春秋。分会大大小小的活动上，台前幕后、线上线下……总能看到二人忙碌的身影。二人始终秉持留苏分会“团结奉献、留学报国”的精神，发挥各自特长，与秘书处的年轻学长们携手同行，努力把分会工作做好，让更多的年轻留苏学长加入这个集体中来，当好党联系广大留学人员的桥梁和纽带。同时，发挥好分会民间外交的平台作用，服务国家大局，积极为中俄、中乌、中白等双边关系发展和传播民间友谊作出新的贡献。

后记

在本书即将付梓之际，参与本书写作的各位姐妹既高兴，也略为惋惜。高兴的是，为庆祝中国共产党二十大胜利召开，我们把一批为中华民族独立、解放，为新中国的社会主义革命与建设，为改革开放建设新时代中国特色社会主义作出杰出贡献的巾帼英雄事迹奉献给读者，以此期待她们的英雄业绩能够激励当代、昭示后辈。惋惜的是，自 1872 年至今一批批海归留学女性中还有多位值得记述和宣传者，但囿于篇幅、时间以及我们所掌握的史料，未能一一详细写入，唯愿今后还有机会与她们在此相逢。

本书以历史脉络为经线，以众多女性人物为纬线，编织出全书的框架。每一个历史阶段都涌现出大批杰出留学女性，限于篇幅，大多数只能简略点出，而且必然会挂一漏万，敬请读者谅解。在这个历史框架中，又写出 26 位各具其时代特点有突出业绩的女性。她们或者是为信仰抛头颅、洒热血的革命英烈；或者是秉持“科学救国”“教育救国”“科教兴国”的理念，潜心于医学、科研、国防科技、教育、社会科学、艺术、外交诸多领域刻苦钻研、无私奉献，获得所在领域杰出成就的人。

本书是一部由欧美同学会妇女委员会群策群力、集体创意、集体撰写的难得作品，因参与写作人员各自的文风不尽相同，全书呈现多彩的样貌：有的述而不论，有的夹叙夹议。请读者见仁见智。

本书在本届妇委会端木美主任主持下，多次召开会议或微信、电话联系征求意见，编制写作提纲，安排具体分工。她本人执笔撰写“前言”“序篇”等部分；姜庆明秘书长负责全书的组织协调工作以及妇委会自1988年建立以来的重要篇章；蒋菁委员在全国妇联执委、东城区人大代表及中国社科院本职繁忙工作中，对中国学生留学苏联东欧的历史和近况进行了详细的梳理；钟亚平委员对中国留学史谙熟于心，完成所承担的中华新女性历史篇章，并为人物撰写提供样板、编写了“后记”，对全书的成型起到重要作用；李丽委员除了完成“中国改革开放40多年留学史回顾”重头戏外，还对全部书稿进行多次审读。上述委员们每一位还撰写或组织撰写了数个相关人物的事迹和故事。参加撰写的人员如下：

序篇：端木美（妇委会主任、瑞士分会委员）、钟亚平（妇委会留日分会委员）、蒋菁（留苏分会委员）。

第一章：钟亚平、李丽（瑞士分会委员）、蒋菁、端木美。

第二章：第一节由钟亚平、端木美、李丽、罗艳洁（口述者，德奥分会会员）撰写，第二节由蒋菁撰写。

第三章：第一节由端木美、张铁臣（留法分会会员）、蔡润国（拉美分会会员）撰写，第二节由李丽、钟亚平、胡薇（留日分会委员）、蒋菁、陈红娣（拉美分会委员）、张娜（意大利分会委员）、王丽娜（留日分会会员）等撰写。

第四章：姜庆明（妇委会秘书长、德奥分会委员）、于德芬（妇委会副主任、留法分会委员）、蒋菁、李丽、端木美、王悦（留美分会委员）、王鹏鹏

(澳新分会委员)、张劳(留加分会委员)。

后记：钟亚平、端木美、蒋菁。

本书从策划、立项到成书，历时大半年。首先，感谢全国妇联的大力支持，感谢中国妇女出版社的迅速立项并给予写作的指导建议；其次，感谢本届妇女委员会全体委员的一致赞成和相应的支持，积极提供相关材料和稿件，特别是张劳、张娜、陈红娣、胡薇几位委员。在此还要感谢北京市东城区妇幼保健院(东四妇产医院)党办和妇科主任苏秋梅，以及妇委会前委员、本书特邀顾问史慰英学长提供的大量信息材料。妇委会副主任于德芬的“贤内助”张铁臣学长一贯支持妇委会工作，而且本人才华横溢，亲自提供稿件，赢得喝彩声阵阵。在编写老妇委会主任罗琬华大姐的故事时，得到欧美同学会合唱团老学长们的热情帮助，老团长还贡献了一张她珍藏多年的罗大姐的彩照，使我们深受感动。本书所有图片均由作者及妇女委员会成员收集提供。

我们还衷心感谢青岛乐好服饰股份有限公司总经理崔正千秋学长对本书出版的赞助。

本书特意向公众介绍欧美同学会·中国留学人员联谊会概况，记述其中一些不一定为人熟知，但也是欧美同学会会员的海归女性成长故事。她们或担任会里领导职务，或活跃在各个分会、各自单位，为同学会的发展、推动民间外交也作出了积极贡献。2023 年恰逢欧美同学会·中国留学人员联谊会成立 110 周年，希冀本书可以作为一份献礼之作。

本书编委会

2023 年 4 月